Jean-Mo

Tou
vin

HACHETTE

En guise de préambule...

Si l'on s'en tient à sa définition légale, le vin est la boisson résultant de la fermentation alcoolique de raisins frais. Une évidence, pensera-t-on. Pas forcément, car la France était, jusqu'à ce que l'Union européenne puis l'Office international de la vigne et du vin ne l'imitent, le seul pays au monde qui donnait une définition précise et légale du vin. Partout ailleurs, le mot « vin » peut, en effet, signifier n'importe quelle boisson fermentée. Ainsi parle-t-on en Allemagne ou en Angleterre de « vin de cerises » ou de « vin de noix », ce qui est interdit en France où l'on désignera ces produits sous le nom de « Boisson à base de vin aromatisé à la cerise ou à la noix » ou bien de « Boisson fermentée à base de cerises ». Pourquoi une telle rigueur ? Parce que depuis qu'il existe, le vin a fait l'objet de toutes sortes de fraudes, et que la France, compte tenu de son histoire, se doit de protéger une boisson qui fait sa richesse et sa réputation aussi bien que le plaisir des amateurs de bonnes choses.

« Le vin, disait Pasteur, peut être considéré à bon droit comme la plus saine et la plus hygiénique des boissons. » À condition d'en user avec modération, bien sûr, et aussi et surtout, de comprendre que dans chaque verre de vin se cache une bonne part d'histoire, d'agriculture, de science mais aussi de mystère.

Qu'est-ce que le vin ?

La vigne et la vinification

La vigne, désignée sous son nom latin vitis, *est, à l'origine, une liane qui existe sous dix-neuf espèces représentant la famille des Vitacées. L'espèce la plus connue est du genre* Vitis vinifera, *la vigne à vin. Mais il existe soixante autres espèces de vignes du genre* Vitis. *À l'état sauvage, la vigne pousse dans les régions chaudes et tempérées de l'Eurasie, ainsi que de l'Amérique du Nord et de l'Amérique centrale.*

La vigne

▶ Une évolution lente

La vigne est aujourd'hui cultivée sur tous les continents, mais avant d'en arriver là, elle a subi une lente évolution durant des dizaines de millions d'années. Les plus anciennes traces de vignes fossiles ont été découvertes en Extrême-Orient, mais on a aussi retrouvé des vignes fossilisées au Groenland, en Islande et jusqu' en Alaska, où elles s'épanouissaient alors que le climat y était beaucoup plus doux qu'aujourd'hui.

▶ Où commence l'histoire...

De tout temps, les hommes ont consommé les fruits de la vigne, qui poussait à l'état sauvage dans les forêts et dont les baies étaient beaucoup plus petites qu'aujourd'hui. Et c'est probablement au tout début de l'agriculture, voici 6 000 à 8 000 ans, qu'ils ont découvert fortuitement le vin en faisant fermenter des baies de raisin. Comme en témoignent la légende de Noé, le mythe de Bacchus et des légendes indiennes, la découverte a dû avoir lieu quelque part en Orient, peut-être dans le Caucase, sur le territoire de l'actuelle Géorgie.

Appuyé au célèbre massif calcaire des Dentelles de Montmirail, le vignoble de Gigondas. Ci-dessous, les vignes du château Bel Air.

Des pouvoirs magiques
Le vin a vite su séduire les hommes des premières civilisations.
Non seulement son effet euphorisant réjouit le cœur des hommes, mais on lui prête aussi de nombreux pouvoirs magiques. Dans les religions anciennes, en effet, le chaman, ou sourcier, va consulter les esprits, les ancêtres ou les dieux, en se transportant dans l'au-delà sous l'effet de l'ivresse.
Dès lors, durant des millénaires, le vin sera considéré comme un produit sacré. Pour les chrétiens, il représente le sang du Christ.

▸ La conquête de la Gaule

Le vin consommé dans l'Antiquité n'avait rien à voir avec celui que nous buvons aujourd'hui, car à l'époque on ne savait guère le conserver. Pourtant, dès les temps les plus reculés, le vin produit dans le Bassin méditerranéen fut exporté, le plus souvent par bateau, vers les coins les plus reculés de la Gaule et même d'Angleterre. Les chefs gaulois, grands amateurs, dépensaient parfois des fortunes, ou allaient jusqu'à échanger des esclaves, contre quelques amphores du précieux breuvage.

▸ Une sélection progressive

Dès avant la conquête de la Gaule, cependant, les Gaulois comprirent qu'il leur serait plus commode de cultiver la vigne et d'élaborer eux-mêmes le vin. C'est cette adaptation de la vigne aux différents climats, la sélection progressive de ses variétés, et l'évolution des méthodes de culture qui ont conduit petit à petit à l'acclimatation des différents cépages sur tous les continents. Cette adaptation fut tellement réussie que les différentes régions se mirent progressivement à cultiver un cépage particulier, le mieux adapté à leur terroir.

Le cycle végétatif de la vigne

Le principal facteur de développement de la vigne est l'ensoleillement. Sans soleil, en effet, les feuilles de la vigne ne peuvent pas réaliser la photosynthèse qui permet la production de sucre et des autres constituants du vin.

1. Le débourrement.

2. La floraison.

3. La véraison.

4. La maturation.

Toutefois, l'ensoleillement étant variable selon les régions, il faut trouver les variétés les mieux adaptées à chaque climat.

▶ Du bourgeon...

1. Le cycle végétatif de la vigne commence à la fin de l'hiver. La vigne, qui a constitué une réserve nutritive, va petit à petit, selon un rythme variable en fonction de la température, faire migrer cette réserve vers ses bras. À la fin du printemps, un bourgeon va éclore et laisser paraître une feuille : c'est le stade du débourrement.

2. Une fois que les feuilles sont développées au bout de tiges vertes, les premières grappes apparaissent, sous forme de fleurs. C'est une période cruciale, car c'est de la fleur que naît la baie. Au début de l'été, la grappe est nettement visible, formée de petits grains verts. La surface végétale de la vigne se développe alors très vite, et il faut procéder à divers travaux (rognage, épamprage), afin d'assagir la croissance de la plante pour que les sucres se concentrent dans les baies.

3. Ce n'est qu'au milieu de l'été que les baies vont faire apparaître leur personnalité. Elles deviennent translucides et prennent peu à peu leur couleur finale, rouge, verte, dorée ou rosée, selon les cépages. C'est la véraison.

4. Vient alors la phase de maturation, elle aussi délicate, car la peau tendue de la baie est sujette à toutes sortes d'agressions (insectes, champignons, pluie, grêle) contre lesquelles le vigneron ne peut pas toujours lutter.

Les vendanges manuelles tendent à se raréfier.

Les principaux cépages

Un cépage est une variété de vigne donnée. Chaque cépage se caractérise par la forme de la feuille, la forme de la grappe, la couleur des baies et, bien sûr, ses composants aromatiques et organoleptiques (le goût, Lire p. 28-33). Parmi les quelque 150 cépages que l'on trouve en France, citons :

- Pour les vins blancs : l'aligoté, le chardonnay, le chasselas, la clairette, le gewurztraminer, la marsanne, le mauzac, le melon ou muscadet, le riesling, le sauvignon, le sémillon, le sylvaner, le viognier, etc.
- Pour les vins rouges : le cabernet-franc, le cabernet-sauvignon, le carignan, le cinsault, le gamay, le grenache, le merlot, la mondeuse, le mourvèdre, le pinot noir, la syrah, etc.

▸... au repos

À la fin de l'été ou au début de l'automne, la maturité est considérée optimale pour commencer la vendange lorsque l'acidité du raisin ne baisse plus et que le taux de sucre reste stable. C'est une phase très rapide qui nécessite une surveillance constante du raisin.

Après la vendange, la vigne est mise au repos le temps de perdre ses feuilles, puis durant l'hiver et jusqu'au début du printemps, la taille des pousses de l'année précédente, à l'exception de celles qui porteront les nouveaux fruits, va permettre au cep de vigne de retrouver ses forces pour une nouvelle année.

La vinification

Ce procédé permet de transformer le jus du raisin en vin. La vinification varie d'un type de vin à un autre.

▸Les vins rouges

Le vin rouge est obtenu par macération et fermentation des baies de raisin noir préalablement écrasées pour libérer leur jus.

C'est un colorant naturellement contenu dans la peau de la baie de raisin, l'anthocyane, qui, en se libérant pendant la macération, donne sa couleur au vin.

1. Après la macération, le vigneron en fait sortir le liquide qu'il envoie dans une cuve où se termine la fermentation. C'est le « vin de goutte ».
2. L'élément solide restant, le marc, est envoyé au pressoir. C'est le « vin de presse » qui peut, soit être assemblé directement au vin de goutte, soit être vinifié séparément.
3. La fermentation alcoolique une fois terminée, une deuxième fermentation va se produire. C'est la fermentation malolactique, au cours de laquelle le vin perd de son acidité par la transformation de l'acide malique en acide lactique.

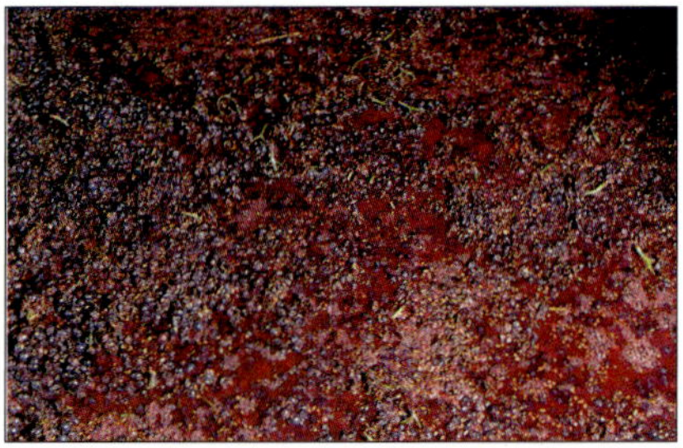

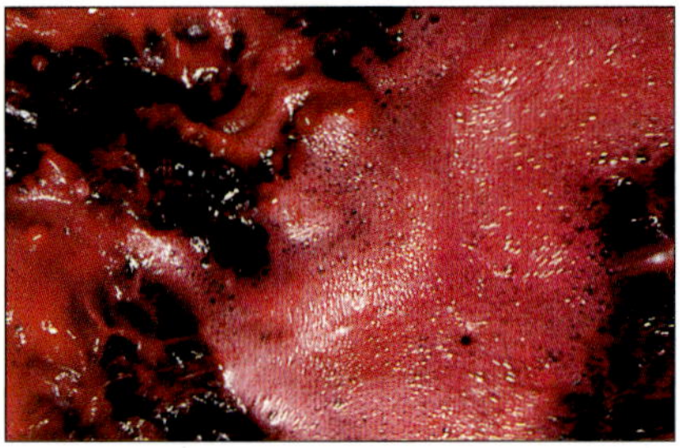

Magie de la fermentation : les levures décomposent le sucre du raisin en alcool et en gaz carbonique, créant ainsi un bouillonnement.

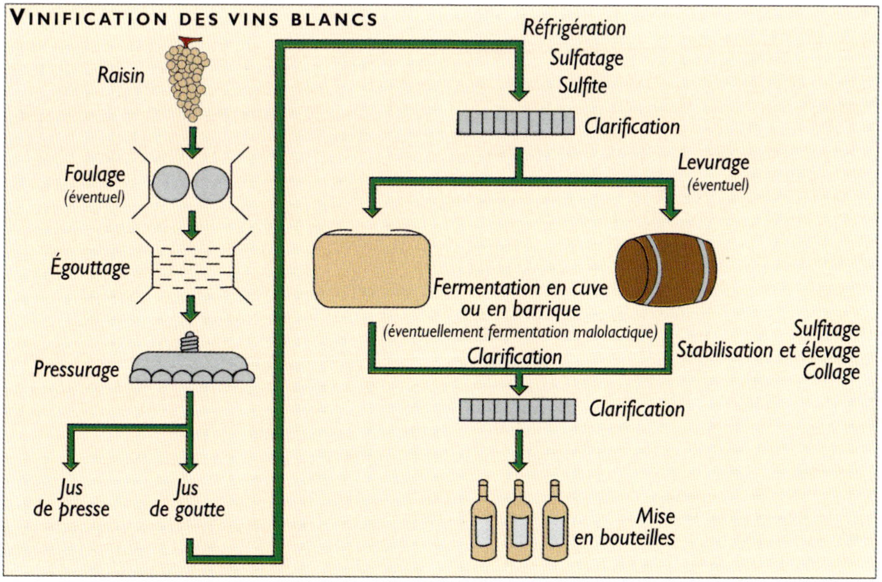
VINIFICATION DES VINS BLANCS
Raisin
Foulage
(éventuel)
Égouttage
Pressurage
Jus de presse
Jus de goutte
Réfrigération
Sulfatage
Sulfite
Clarification
Levurage
(éventuel)
Fermentation en cuve ou en barrique
(éventuellement fermentation malolactique)
Clarification
Sulfitage
Stabilisation et élevage
Collage
Clarification
Mise en bouteilles

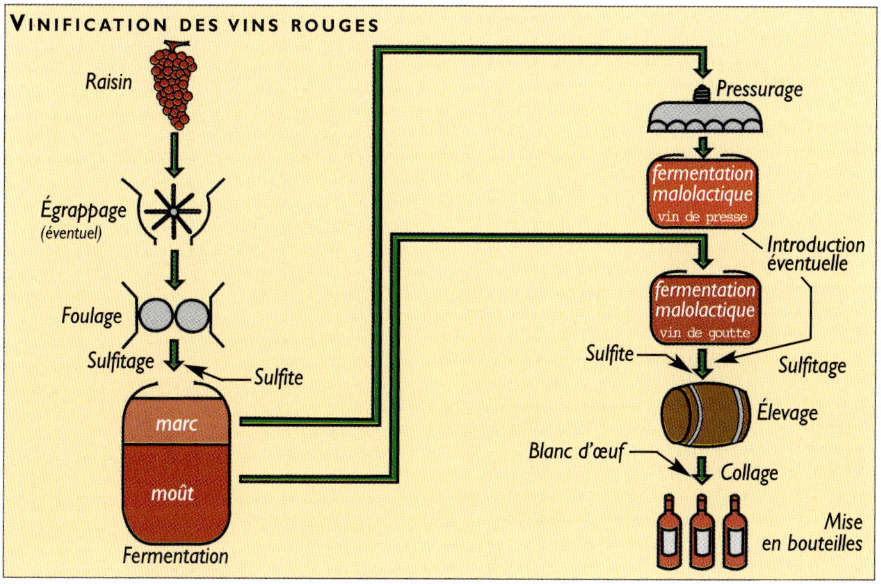
VINIFICATION DES VINS ROUGES
Raisin
Égrappage
(éventuel)
Foulage
Sulfitage
Sulfite
marc
moût
Fermentation
Pressurage
fermentation malolactique
vin de presse
Introduction éventuelle
fermentation malolactique
vin de goutte
Sulfite
Sulfitage
Élevage
Blanc d'œuf
Collage
Mise en bouteilles

À savoir
Les grands vins blancs moelleux ou liquoreux s'obtiennent à partir de raisins surmûris et récoltés tardivement. Lorsque les conditions climatiques le permettent, un champignon, le *Botrytis cinerea* se développe dans la baie de raisin et a pour effet d'augmenter la concentration en sucre. On parle alors de « pourriture noble ». C'est ce phénomène qui permet la production des grands vins liquoreux.

4. Environ deux mois après la vendange, toutes les fermentations sont terminées. Le vin peut alors soit être stocké en cuve pendant quelque temps, soit faire l'objet d'un élevage en barrique de chêne, soit encore être mis en bouteilles immédiatement.

▶ Les vins rosés

En aucun cas, sauf pour le champagne, un vin rosé ne peut résulter de l'assemblage de vin blanc et de vin rouge.
L'élaboration des vins rosés suit le même processus que celle du vin rouge. On se contente, en général, de laisser les baies macérer jusqu'à l'obtention de la couleur voulue. Parfois, lorsque le raisin est très coloré, on pratique ce que l'on appelle une « saignée » sur la cuve de macération. Au bout de quelques heures, le moût est suffisamment coloré pour être séparé du reste de la cuve qui va poursuivre son évolution vers le rouge.
Le champagne rosé s'obtient en rajoutant un peu de vin rouge tranquille de Champagne au moment de la mise en bouteilles.

▶ Les vins blancs

Tous les vins blancs proviennent de raisins blancs ou de certains raisins à peau noire, dont on extrait le jus par pressurage.

Les vins blancs secs
Un vin blanc est qualifié de « sec » lorsque la quasi-totalité du sucre de raisin contenu dans le moût a été transformée en alcool au cours de la fermentation.

Les vins blancs doux
Lorsque le sucre du raisin n'est pas entièrement transformé en alcool par la fermentation, il demeure à l'état résiduel dans le vin qui prend alors un goût sucré plus ou moins prononcé. On parle alors de vins blancs « demi-secs », « doux », « moelleux » ou « liquoreux ».

Les différents procédés
• Pour conserver une certaine quantité de sucre dans le moût, on arrête l'action des levures qui entraînent la fermentation alcoolique en utilisant de petites quantités de soufre (anhydride sulfureux).
• On peut aussi arrêter la fermentation en rajoutant une petite quantité d'alcool dans le vin déjà fermenté. Cette opération est connue sous le nom de « mutage ». Les vins sont alors appelés « Vins Doux Naturels ».

▶ Les vins effervescents

Un vin effervescent, ou mousseux, est un vin dont la fermentation se poursuit ou est réactivée en bouteille, de façon à ce que les bulles de gaz carbonique restent emprisonnées dans le liquide et se libèrent à l'ouverture de la bouteille.

Les « mousseux »
Certains vins mousseux sont gazéifiés sous pression avant la mise en bouteilles. Il s'agit alors de vins de table. On parle de vins « perlants », « pétillants », ou « mousseux », selon la pression du gaz et la quantité de bulles qu'ils contiennent.

Les crémants

Les crémants sont, à l'origine, une catégorie de champagnes, mais cette dénomination a été étendue à de nombreux vins mousseux de différentes régions (crémant-de-loire, crémant-de-bourgogne), élaborés selon la méthode traditionnelle utilisée en Champagne, qui consiste à faire repartir la fermentation du vin en bouteilles pour obtenir la « prise de mousse ». Cette opération dure de un à trois ans en cave, au bout desquels le vin est « dégorgé » pour éliminer les dépôts. Après le dégorgement, on rajoute dans la bouteille la « liqueur d'expédition » qui permet d'ajuster le goût afin que le vin soit brut, sec ou demi-sec.

Au cœur du cuvier, le vinificateur a un rôle primordial dans l'élaboration d'un cru : il veille aux destinées de la vendange, met en valeur le vin en soulignant ses qualités et en corrigeant ses défauts.

Les secrets d'une bouteille

Acheter son vin est moins facile qu'il n'y paraît. Pour ne pas se tromper et faire le bon choix, il faut donc lire attentivement l'étiquette qui comporte certaines mentions obligatoires et donne au consommateur les principales indications sur l'origine géographique du vin, le nom du metteur en bouteilles, le degré d'alcool et le volume de la bouteille.

L'étiquette du vin

Toute étiquette de vin d'appellation doit obligatoirement comporter le nom de son origine géographique, le nom du metteur en bouteilles, le titre alcoométrique (degré d'alcool) et le volume de la bouteille. Cette réglementation est appliquée pour tous les vins vendus en Europe.

Il ne faut pas non plus oublier de regarder le dessus de la capsule qui coiffe le bouchon ; elle atteste du paiement des taxes et donne une indication utile sur la provenance du vin (producteur indépendant, coopérative ou négociant).

Les vins étrangers vendus en France sont en principe soumis à la même réglementation que les vins français sur l'étiquetage.

▶ L'origine géographique

La législation européenne distingue deux sortes de vins : les Vins de Qualité Produits dans des Régions Déterminées (VQPRD) et les Vins de Table.

Les VQPRD

En France, les VQPRD comprennent deux catégories distinctes : les vins d'Appellation d'Origine Contrôlée (AOC) et les vins d'Appellation d'Origine Vins Délimités de Qualité Supérieure (AOVDQS).

Un vin ne peut porter la mention « Appellation d'Origine Contrôlée » que s'il est produit dans une région délimitée, à partir des seuls cépages autorisés dans cette appellation et dans des quantités de rendement à l'hectare. En principe, un vin ne peut prétendre au label AOC que s'il a fait l'objet d'une dégustation et d'une analyse devant une commission d'agrément avant sa mise en bouteilles et sa commercialisation.

En France, un décret ministériel définit les règles de chaque appellation d'origine et c'est l'Institut National des Appellations d'Origine (INAO) qui est chargé de sa bonne application. Les vins AOVDQS ne se distinguent des vins AOC que par des règles plus souples au niveau des rendements et de la dégustation.

Attention !
Ne vous laissez pas impressionner par les mentions pompeuses telles que « grand vin », « vieilles vignes » ou « cuvée spéciale », elles ne sont soumises à aucune réglementation et relèvent davantage de la publicité.

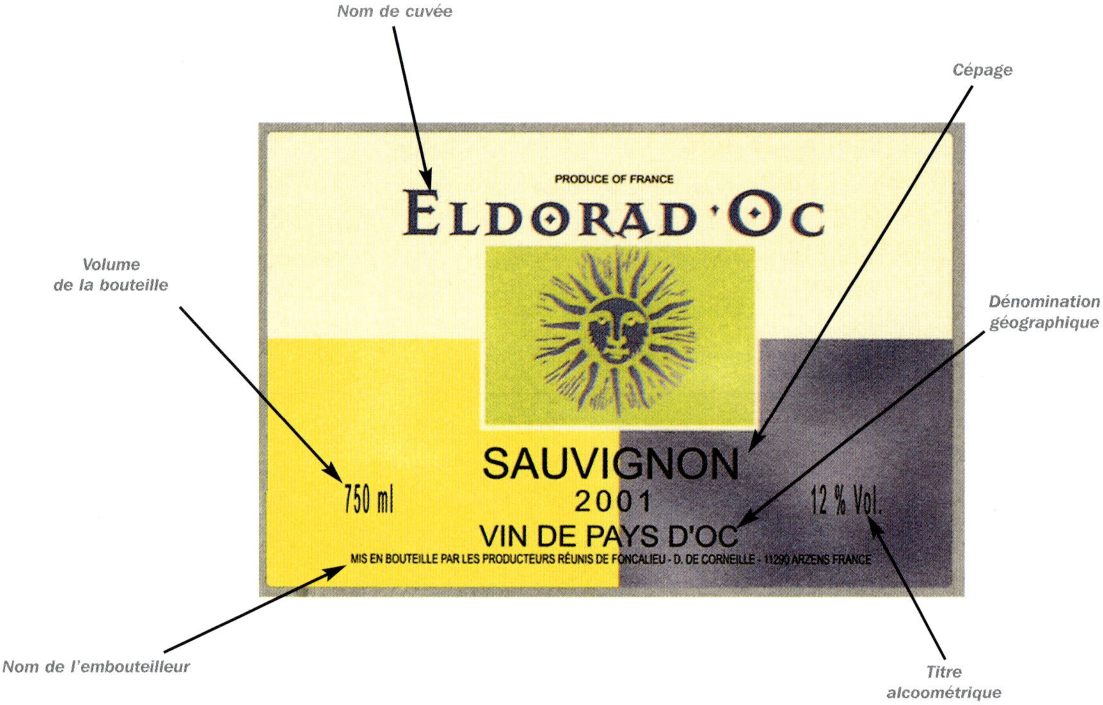
Nom de cuvée
Cépage
Volume de la bouteille
Dénomination géographique
Nom de l'embouteilleur
Titre alcoométrique
PRODUCE OF FRANCE
ELDORAD'OC
SAUVIGNON
750 ml
2001
12 % Vol.
VIN DE PAYS D'OC
MIS EN BOUTEILLE PAR LES PRODUCTEURS RÉUNIS DE FONCALIEU - D. DE CORNEILLE - 11290 ARZENS FRANCE

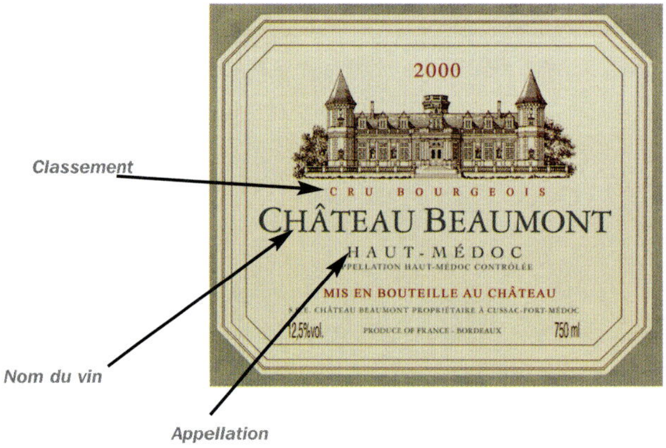
Classement
Nom du vin
Appellation
2000
CRU BOURGEOIS
CHÂTEAU BEAUMONT
HAUT-MÉDOC
APPELLATION HAUT-MÉDOC CONTRÔLÉE
MIS EN BOUTEILLE AU CHÂTEAU
12,5%vol.
PRODUCE OF FRANCE - BORDEAUX
750 ml

CHÂTEAU DE LA VELLE
Bourgogne
APPELLATION BOURGOGNE CONTRÔLÉE
2001
Mis en bouteille par BERTRAND DARVIOT Viticulteur à Meursault
(Côte-d'Or) France
Produit de France
750 ML
ALC. 12.5% BY VOL.

Les Vins de Table et de Pays

La législation européenne définit comme *vins de table* tous les vins n'entrant pas dans la catégorie des vins VQPRD. Une première catégorie peut provenir de mélanges de vins venant de l'ensemble des pays de l'Union européenne, ou de vins vendus sous un nom de marque accompagné de l'origine au sens large (vin de table français ou vin en provenance de...). Une seconde catégorie de vins de table, les *vins de pays*, comporte l'indication géographique du secteur, de la région ou du département où ils sont produits, accompagnée ou non du nom du cépage. Les vins de pays sont produits dans presque toutes les régions, à l'exception des départements de la Gironde, de la Marne, du Haut-Rhin, du Bas-Rhin et de la Côte-d'Or, mais 85 % d'entre eux proviennent du Midi de la France. Il existe actuellement 95 noms de vins de pays. Ils répondent à des règles d'élaboration stricte.

▶ Le titre alcoométrique

Obligatoire sur toutes les étiquettes, il mentionne le degré d'alcool du vin, c'est-à-dire la proportion d'alcool pur à 100° pour un litre de liquide. Un vin à 13 % vol. comporte donc 13 cl d'alcool pur pour un litre.

▶ Château, propriété, domaine et marque

L'embouteillage

Le nom de l'embouteilleur – et non celui du propriétaire – doit obligatoirement figurer sur l'étiquette. Il peut s'agir d'un producteur particulier, d'une coopérative ou d'un négociant. La mention « mise en bouteille à la propriété, au domaine ou au château » signifie que le vin a été mis en bouteilles sur le lieu de production.

Châteaux et domaines

La mention « château » ou « domaine » indique, en principe, le nom de l'entité cadastrale où le raisin a été récolté. Il s'agit alors d'une propriété privée. La législation admet cette mention pour certains vins de coopérative, à condition qu'ils soient élaborés séparément.

Second et troisième vins

La plupart des grands crus du Bordelais mettent également sur le marché des « seconds vins », voire des « troisièmes vins » sous des noms différents de celui du cru principal. Il s'agit en général de vins issus de jeunes vignes, ou ne présentant pas les caractéristiques du grand vin.

▶ Le millésime

Il indique l'année de récolte de la vendange – et non de sa mise en bouteilles. Sa mention n'est pas obligatoire, mais si elle figure sur l'étiquette, la totalité du vin doit être issue du même millésime.

Un vin, deux marques

Il arrive que certaines propriétés, ou coopératives, commercialisent le même vin sous des marques différentes pour s'adapter au marché.

Le savoir-vivre chez le producteur

Une fois votre choix arrêté, il est toujours préférable de téléphoner avant de vous rendre à la propriété. Les vignerons ont en général le sens de l'accueil mais vous prenez le risque de trouver une personne qui n'est pas forcément disponible si vous débarquez à l'improviste. Par ailleurs, il est inélégant de se rendre chez un producteur dans le seul but de « boire un coup gratis ». Certes, il peut arriver que vous soyez déçu et que vous n'ayez pas envie d'acheter. Dans ce cas, il vaut mieux le dire franchement mais avec courtoisie. Ne perdez jamais de vue que les vignerons sont des hommes et des femmes qui exercent leur métier avec passion et qui sont toujours sensibles aux critiques, à condition qu'elles soient formulées avec tact et respect.

Acheter son vin

L'amateur de vin dispose de cinq sources d'approvisionnement : le caviste, la propriété, les caves coopératives et les producteurs, les foires aux vins des grandes surfaces, la vente par correspondance ou par Internet.

Maître d'un lieu consacré au vin, le caviste « authentique » peut afficher cinq cents à huit cents références qu'il a testées lui-même, en courant les vignobles pour son plaisir et, surtout, celui du palais de ses clients.

▶ Chez le caviste

Acheter votre vin chez un caviste professionnel est une manière sûre d'obtenir un produit de qualité répondant exactement à vos souhaits. Le caviste, qu'il soit indépendant ou qu'il fasse partie d'un réseau de franchisés, est en principe un bon spécialiste qui aime le vin et saura vous faire partager sa passion. Il connaît chacune des bouteilles qu'il vend et saura utilement vous conseiller sur la qualité du vin, son aptitude au vieillissement, la température de service, et les accords entre les mets et les vins.

▶ À la propriété

Acheter son vin à la propriété est sans doute le meilleur moyen de se plonger dans l'univers du vin, d'en parler et de le déguster, mais il convient cependant d'observer certaines règles pour ne pas être déçu.

Choisir la propriété

Tout d'abord essayez de préciser votre attente. Quel type de vin souhaitez-vous acheter ? Combien êtes-vous prêt à dépenser ? Combien de bouteilles pouvez-vous transporter ? Il vous reste à faire votre choix entre plusieurs propriétés. Pour cela, vous pouvez prendre conseil dans un guide – le *Guide Hachette des Vins*, notamment.

Choisir le vin

Une fois sur place, la dégustation est certes un moment convivial, mais c'est aussi le meilleur

moyen de faire votre choix. N'hésitez pas à demander un seau pour recracher, surtout si vous dégustez plusieurs vins et que vous devez prendre la route, mais aussi parce que l'on déguste toujours mieux lorsqu'on a les idées claires.
Lorsque vous aurez fait votre choix, soit vous repartez avec le vin, soit vous décidez de vous le faire expédier. Ce n'est pas la meilleure solution car les frais de transport sont en général élevés, surtout si vous n'achetez qu'un nombre limité de bouteilles.

▶ Acheter son vin en vrac

De nombreux producteurs ou caves coopératives vendent du vin en vrac. Il s'agit d'un moyen économique de s'approvisionner, mais les vins vendus sous cette forme sont rarement de grande qualité. Ce ne sont jamais les mêmes vins que ceux qui sont sélectionnés dans les guides.

Le conditionnement en cubitainer

Le vin est un produit fragile, surtout si vous le transportez sur de longues distances en été. Si vous possédez votre propre récipient (bonbonne ou cubitainer), assurez-vous qu'il est propre et inodore. Mais le mieux consiste à acheter du vin déjà conditionné en cubitainer, dans lequel le vide se fait au fur et à mesure que vous tirez du vin.

Le conditionnement en bouteilles

Le risque de dégradation du vin est plus grand si vous souhaitez mettre votre vin en bouteilles.

En France, la dégustation de vin revêt une dimension culturelle sans oublier le plaisir d'aller à la rencontre de ceux qui le font.

S'il s'agit d'un vin de consommation courante que vous boirez dans les semaines à venir, vous pouvez utiliser des bouteilles que vous laverez à grande eau à l'aide d'un goupillon et que vous boucherez avec des bouchons coniques neufs. Remplissez les bouteilles jusqu'au goulot afin d'éviter tout risque d'oxydation et conservez-les dans un endroit frais.
Si vous souhaitez conserver le vin au-delà de quelques semaines, il vous faudra vous équiper de bouchons cylindriques et d'une boucheuse que l'on achète dans les magasins spécialisés.

Le plus du caviste
Le conseil est la principale valeur ajoutée que vous retirerez d'un achat chez un caviste, même si, dans l'ensemble, les prix y sont légèrement plus élevés qu'ailleurs.

Et le champagne ?
Pour le champagne, comme chaque fois qu'il s'agit d'un vin de négoce, c'est la marque qui définit le responsable du vin, souvent issu d'assemblages provenant de propriétés différentes. Notons enfin que le mot « champagne » figure obligatoirement au « cul » de tous les bouchons de champagne.

Transporter le vin

Le vin, en règle générale, n'aime guère les voyages. Aussi, assurons-lui un maximum de confort en rendant le trajet le moins long et le plus sûr possible.

- Les bouteilles sont fragiles ; si vous voyagez en voiture, assurez-vous qu'elles sont bien calées et ne s'entrechoquent pas. Au besoin, enveloppez-les dans du papier journal. Surtout, évitez de les faire séjourner dans votre coffre de voiture sous le soleil.
- En descendant sur la Côte d'Azur, n'achetez pas des bouteilles de côtes-du-rhône que vous remonterez un mois après à Paris. Après un voyage, laissez toujours reposer les bouteilles, le vin ne s'en portera que mieux.
- Assurez-vous, enfin, que le vin est « en règle », surtout si vous transportez du vin en vrac ; vous devez impérativement vous faire délivrer un « congé » qui vous sera demandé en cas de contrôle.

Lors de la mise en caisses, certains producteurs emballent soigneusement leurs bouteilles dans du papier ou autre matériau protecteur. (Ci-dessus, chez Lafite-Rothschild.)

▶ Acheter dans les grandes surfaces et les foires aux vins

Plus de 70 % du vin consommé à domicile en France est acheté en grande surface. Mais si les rayons de la grande distribution sont devenus incontournables pour les amateurs de vin, il n'est pas toujours facile de s'y retrouver.

Avoir l'œil aux aguets

Pour ce qui est des vins les plus courants : bourgogne, bordeaux, beaujolais, vallée du Rhône, pas de problème. Ils sont en général bien présentés sur les rayonnages. En revanche, les vins du Languedoc, les vins de pays et ceux du Sud-Ouest sont le plus souvent mal classés et parfois perdus au milieu des vins de table. Soyez perspicace.

Les conditions de garde

En achetant du vin de qualité en grande surface, vous prenez le risque de tomber sur une bouteille qui a séjourné longtemps à la lumière, debout et à une température trop élevée. Pour limiter le risque, en dehors des foires aux vins, réservez vos achats en grande distribution aux vins de consommation courante qui séjournent peu de temps sur les rayons.

Préparer ses achats

Les foires aux vins, qui ont lieu désormais dans toutes les grandes surfaces de France au début de l'automne, peuvent présenter d'excellentes occasions de faire de bonnes, voire de très bonnes affaires. Préparez cependant vos achats en consultant le catalogue édité à cet effet quelques jours avant. Si de notables efforts ont été accomplis dans le sens de la transparence, sachez cependant que les meilleures affaires portent sur des quantités généralement limitées.
N'attendez pas le dernier jour pour faire vos achats. Les foires aux vins sont également le seul moment de l'année où vous trouverez quelqu'un pour vous conseiller dans vos achats.

Certains hypermarchés organisent régulièrement des foires aux vins qui permettent à l'amateur d'acheter des vins prestigieux à prix modiques.

N'hésitez pas à questionner, voire à demander à déguster. Cela se fait.

▸ La vente par correspondance et par internet

Plusieurs sociétés de vente par correspondance, ou des clubs d'amateurs, proposent de bonnes bouteilles à des prix souvent intéressants. Depuis quelques années, les sites de vente de vin sur Internet sont venus compléter cette offre. D'une manière générale, on peut faire confiance à ces méthodes de vente, à condition de s'assurer que les sociétés en question ont une adresse sur le territoire français.

Achats en ligne

Sur Internet, si les bonnes affaires ne sont pas rares, elles ne concernent le plus souvent que de tout petits lots destinés à appâter le chaland afin qu'il choisisse un produit de remplacement, le vin qui l'intéresse étant souvent épuisé dès sa mise en vente sur le web. Cela étant, les vins sont livrés dans des délais raisonnables et les prix moyens sur Internet sont équivalents à ceux des cavistes.

Constituer sa cave

Une cave, c'est d'abord un lieu dans lequel les bouteilles et leur contenu peuvent être conservés dans les meilleures conditions, à une température fraîche et constante, couchées, à l'abri de la lumière, dans une ambiance à la fois humide, bien aérée, inodore et à l'abri des vibrations. Et comme tout le monde n'a pas la chance de posséder les moyens de faire creuser une vraie cave dans son sous-sol, le lieu choisi pour entreposer son vin et le conserver doit être aménagé en conséquence.

▸ La température

C'est le facteur le plus important pour la bonne conservation du vin. Celui-ci déteste moins les températures un peu trop basses ou un peu trop élevées que les brusques écarts de température. En revanche, le vin supportera les écarts de température modérés pour peu qu'ils soient étalés dans le temps.

Bon à savoir

Comparez les catalogues des différentes grandes surfaces de votre région. Ceux-ci figurent maintenant sur Internet. Vous serez surpris de trouver des différences de prix, parfois importantes, pour les mêmes vins.

La bonne température

La température idéale de cave est de 14 à 16 °C l'été et de 10 à 11 °C l'hiver. En dessous de ces moyennes, le vin n'évoluera guère. Au-dessus, il évoluera trop vite et mal. Pour vérifier la température, il suffit d'avoir un thermomètre.

Tableau de cotation des vins (de 0 à 20)

On a l'habitude de résumer la qualité des millésimes dans des tableaux de cotation. Ces notes ne représentent que des moyennes : elles ne prennent pas en compte les microclimats, pas plus que les efforts de tri de raisins à la vendange, ou les sélections de vins en cuve qui ont permis de démontrer que l'on peut élaborer un grand vin dans une année cotée zéro !

	Bordeaux rouge	Bordeaux liquoreux	Bordeaux sec	Bourgogne rouge	Bourgogne blanc	Champagne	Loire	Rhône	Alsace
1990	18	20	17	18	16	18	17	17	18
1991	13	14	13	14	15	11	12	13	13
1992	12	10	14	15	17	12	14	12	12
1993	13	8	15	14	13	12	13	13	13
1994	14	14	17	14	16	12	14	14	12
1995	16	18	17	14	16	16	17	16	12
1996	15	18	16	17	18	19	17	14	12
1997	14	18	14	14	17	15	16	14	13
1998	15	16	14	15	15	13	14	18	13
1999	14	17	13	13	12	15	12	16	10
2000	18	10	16	11	15	15	16	17	12
2001	15	17	16	13	16	9	13	17	13
2002	15	18	16	18	18	17	14	8	10

Les zones cernées d'un trait épais indiquent les vins à mettre en cave.
Les liquoreux de la Loire sont notés 20 pour le millésime 90.
(Extrait du Guide Hachette des Vins)

La constitution d'une cave obéit non seulement au goût du propriétaire, mais aussi aux exigences de garde des vins.

Bon à savoir
L'idéal, s'il en est un, est de combiner plusieurs systèmes, surtout si vous possédez de nombreuses références, l'important étant de vous y retrouver et de ne pas opérer de remuages intempestifs. N'oubliez pas de mettre des ardoises ou des étiquettes devant les claies, sur lesquelles vous inscrirez le nom et le millésime des vins. Une telle gestion est indispensable.

À la cave

Si vous disposez déjà d'une cave en ville ou à la campagne, ou d'un box d'immeuble, vérifiez la température en hiver et en été, et apportez des mesures correctives. Coller des panneaux de matériau isolant (fibre de verre, polystyrène, bois) sur les murs, le plafond et la porte peut suffire. Vous pouvez aussi doubler vos murs et cloisons avec des briques.

Dans un placard

Si vous ne disposez pas d'un local en sous-sol, vous pouvez aménager un cagibi, un placard ou une pièce de la maison en cellier à vin. Mais la température sera plus difficile à contrôler et l'installation d'un système de climatisation peut s'avérer coûteux.

▶ L'aération

C'est souvent le problème le plus difficile à résoudre. Il faut un soupirail que l'on obstrue pendant l'hiver. Si vous n'avez pas de soupirail, faites-en percer un si c'est possible. Sinon aménagez un système de ventilation dans la porte. Cela vaut pour tous les types de locaux mais une ventilation correcte peut s'avérer difficile à obtenir si vous ne parvenez pas à créer un léger courant d'air. Dans ce cas, il ne vous reste plus qu'à ouvrir la porte de votre cave deux ou trois fois par semaine pour en changer l'air.

▶ L'humidité

Le vin craint plus la sécheresse que l'humidité. Dans une cave, la meilleure solution consiste à répandre du gravier sur le sol que l'on arrose

Bon à savoir
Vous pouvez faire installer un humidificateur de cave, mais comme la climatisation, il s'agit d'un aménagement coûteux.

légèrement une fois par mois. Si ce n'est pas possible, installez une bassine contenant du charbon de bois, de la cendre ou du sable, que vous prendrez soin de mouiller régulièrement. S'il s'agit d'un cellier aménagé dans une pièce de la maison, installez çà et là des éponges humidifiées.

▶ Le rangement

Il n'existe pas de système idéal de rangement. Que l'on utilise des caisses, des casiers, des alvéoles ou des étagères en bois ou métalliques, le principal est que les bouteilles soient couchées et rangées avec un minimum de cohérence.

Les casiers modulaires

En dessous de 500 bouteilles, vous devez surtout privilégier l'accessibilité des flacons de manière à ne pas être obligé de déplacer une bouteille pour en prélever une autre. Les range-bouteilles métalliques à deux rangées que l'on fixe au mur sont donc à proscrire. L'idéal est d'installer des casiers modulaires préfabriqués que l'on achète dans les magasins spécialisés. Un tel équipement, où les bouteilles sont rangées par 6 ou par 12, présente l'avantage d'apporter de bonnes conditions d'isolation thermique et amortit les vibrations tout en étant esthétique.

▶ L'armoire à vin

Si vous ne pouvez pas aménager de cave et que vous souhaitez conserver vos bouteilles les plus précieuses dans de bonnes conditions, l'armoire à vin est un système idéal mais onéreux.

Ces armoires, qui se présentent comme un réfrigérateur, sont conçues pour maintenir une température, une humidification et une aération idéales. Il en existe de toutes sortes, la capacité maximale n'excédant pas 200 à 300 bouteilles. Assurez-vous, cependant, auprès du vendeur que l'armoire comporte un système absorbant les vibrations du moteur.

L'armoire à vin : le prix
Pour une armoire contenant 100 bouteilles, comptez environ 800 euros. Pour une capacité double, comptez environ 1 300 euros.

▶ La cave clé en main

La cave enterrée clé en main est une bonne solution si vous ne possédez pas de cave ménageable. Elle se présente comme un conteneur que l'on enterre dans le sol et dans lequel on descend par un escalier mobile relié à une trappe, ou par un escalier en colimaçon. Ces caves remplissent toutes les conditions d'aération, d'isolation et d'humidification nécessaires à la conservation du vin.

La cave clé en main : le prix

Pour un aménagement de ce type pouvant accueillir environ 1 000 bouteilles, il vous faudra compter un minimum de 5 000 euros sans la pose.

▶ L'entretien de la cave

Bien que le vin soit en principe hermétiquement protégé par un bouchon, lui-même recouvert d'une capsule, il peut arriver qu'à la longue certaines moisissures ou acariens finissent par avoir un effet néfaste.

Même si une bouteille poussiéreuse possède un indéniable côté romantique, un bon coup de balai et un dépoussiérage régulier des casiers de rangement ne sont pas inutiles. Généralement, les poussières entrent par le soupirail. Vous limiterez cet inconvénient en l'obturant partiellement avec un grillage serré. Veillez également à limiter l'apparition des moisissures qui sont un signe que la cave est mal aérée.

Des casiers métalliques ou en plastique, en passant par ceux construits en parpaing, en ciment ou en bois, les modèles sont peu coûteux et faciles à installer. Dans tous les cas, l'aménagement est tributaire de la dimension de la cave.

La dégustation : un art à découvrir

La vérité du vin est dans le verre. Rien ne remplace la dégustation pour apprécier la qualité d'un vin, sa finesse, sa personnalité et son potentiel. Mais outre le plaisir que l'on prend dans la découverte d'un cru, la dégustation est non pas une science, mais un art.

La technique

Pour savoir aller au-delà de ses sensations immédiates, le dégustateur doit observer un certain nombre de règles et procéder par ordre. La dégustation fait appel à trois sens : la vue, l'odorat et le goût. Elle fait aussi appel à la mémoire et à la parole. La mémoire olfactive et gustative, en effet, s'appuient sur un langage spécifique permettant l'identification des subtilités aromatiques.

▶ L'œil

C'est la première chose à prendre en compte lorsqu'on déguste un vin. Son aspect visuel donne beaucoup de renseignements. Sa limpidité, sa brillance, ses reflets et sa couleur renseignent sur l'âge du vin et son état de conservation. Les larmes qui perlent sur la paroi du verre sont de bons indices sur sa structure.

Les vins blancs

La palette chromatique des vins blancs s'inscrit entre le jaune pâle et le marron en passant par des nuances de vert.

Les vins rouges

Dans les vins rouges, on distingue l'intensité des pigments, de la teinte que l'on définit souvent par analogie avec des plantes (rose, groseille, cerise) ou des pierres précieuses (grenat, rubis).

Les vins rosés

La couleur est également très importante dans la dégustation des vins rosés. Un rosé de pressurage est en général très clair. Un rosé de macération est plus intense.

L'appréciation olfactive d'un vin est fondée sur une somme de sensations, appelée « le nez du vin ».

Les arômes

On classe les différents arômes en grandes familles analogiques. On parle ainsi de « notes » végétale, boisée, fruitée, florale, épicée, fumée, minérale, animales, etc. (voir p. 28-33). La liste n'est pas limitative.

À tester !
Un exercice amusant consiste à verser un même vin dans différents contenants : verre ballon, verre tulipe, tasse, coupe à champagne. On se rendra compte alors que la perception aromatique varie selon le récipient.

▸ Le nez

Tout d'abord, on hume le vin sans le remuer. On découvre un « premier nez », généralement peu expressif, qui donne des renseignements sur les défauts éventuels du vin (nez de bouchon, oxydation).
Dans un deuxième temps, on fait tournoyer le vin dans le verre. On sent alors les principaux arômes qui se dégagent au contact de l'air.
Enfin, on agitera le verre pour découvrir les arômes les moins volatils qui ne peuvent s'exprimer qu'au bout de quelques minutes.

▸ La bouche

Les papilles se contentent de ressentir les quatre saveurs principales : l'acide, le sucré, le salé et l'amer. S'y ajoutent des sensations physiques ou tactiles comme l'astringence, la sécheresse, l'onctuosité, la température et la sensation plus ou moins brûlante que provoque l'alcool. C'est l'ensemble de ses sensations que l'on appelle le « corps » du vin. Pour bien saisir toutes ces caractéristiques, le dégustateur ne doit pas hésiter à faire tourner le vin dans sa bouche et à faire pénétrer de l'air dans sa cavité buccale par aspiration.

Comment déguster entre amis ?

Pour que la dégustation soit réussie, il convient d'observer quelques règles simples.

▸ Où l'organiser ?

Tout d'abord il faut que la dégustation se déroule dans une pièce bien éclairée, si possible par la lumière naturelle, sans bruit de fond intempestif, et surtout sans odeurs parasites (tabac, eau de toilette, parfum).

▸ Les préparatifs

La veille, vous aurez pris soin d'entreposer les bouteilles dans la pièce de dégustation. Cela leur permet de se reposer, mais aussi de prendre la température ambiante qui ne doit pas excéder 18 °C pour les vins rouges. C'est ce que l'on appelle « chambrer » le vin. Les vins blancs

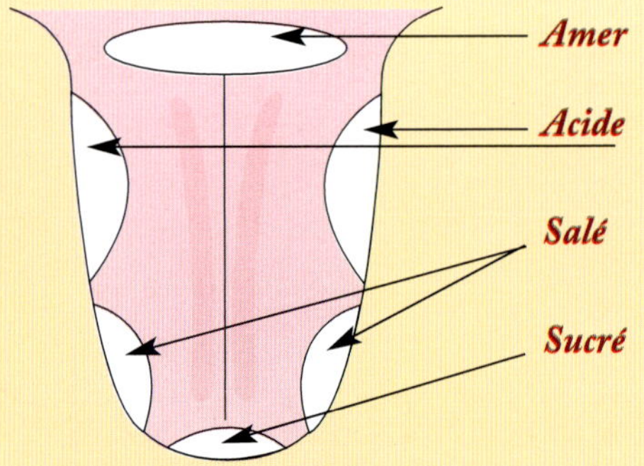

La langue et les saveurs élémentaires

Des verres en fleur de tulipe pour concentrer les arômes, une bougie pour apprécier la couleur du vin, un seau à champagne en guise de crachoir, le tout posé sur une nappe blanche : une recette simple pour des conditions idéales de dégustation.

et les vins mousseux seront servis frais mais non glacés (11 à 12 °C). Les grands vins blancs de Bourgogne ou du Jura se dégustent chambrés.

Le seau

N'oubliez pas de mettre à la disposition des hôtes un seau pour recracher le vin et une carafe d'eau. Pour éviter les éclaboussures, on tapissera le fond du seau de papier absorbant.

Quels verres prévoir ?

Les verres de dégustation ont une importance primordiale. Dans tous les cas, il faut un verre à pied dont le fond est plus large que l'ouverture pour concentrer les arômes. Le verre normalisé AFNOR dit « verre INAO » est le plus utilisé. On s'assurera, si les verres sont neufs, qu'ils ne sentent pas le carton. Dans tous les cas, les verres doivent être inodores et totalement limpides.

▶ Comment procéder ?

La dégustation peut alors commencer. S'il s'agit d'une dégustation « à l'aveugle » destinée à tester les connaissances des dégustateurs, vous aurez pris soin d'envelopper chaque bouteille dans une « chaussette » en carton ou dans un sac en plastique opaque. Chaque dégustateur doit disposer d'une feuille de papier sur laquelle il notera ses sensations visuelles, olfactives et gustatives en attribuant éventuellement une note globale au vin.

Il faudra attendre la fin de la séance pour confronter vos points de vue, car tout commentaire est susceptible de modifier l'appréciation de chaque dégustateur.

Les styles des vins

Chaque vin a son style, sa personnalité propre, expression d'un terroir et de cépages. C'est par la dégustation que l'on apprend à en reconnaître les spécificités.

▶ L'œil

Selon leur âge, la palette chromatique des vins blancs secs va du presque incolore à l'or cuivré en passant par le jaune pâle à reflets verts, et le jaune d'or.

La couleur

C'est l'oxydation progressive qui colore le vin blanc. Les grands vins blancs de Bordeaux ou de Bourgogne ont d'emblée une couleur plus soutenue, car ils sont élevés dans des barriques de chêne neuf. Les bourgognes sont toujours un peu plus colorés que les bordeaux. Lorsque la couleur prend une teinte ambrée, ce n'est en général pas très bon signe pour un vin blanc sec, sauf s'il s'agit d'un vin jaune du Jura.

Les vins blancs doux ou liquoreux

Ils ont, dès leur jeunesse, une teinte jaune prononcée, allant du jaune paille au doré à reflets verts. Cette teinte est accentuée par un élevage en barrique. Au fil des ans, cette teinte peut évoluer vers l'ambre, la topaze, voire le caramel. C'est surtout le cas des grands sauternes et des monbazillac. En revanche, les grands liquoreux de la vallée de la Loire comme les coteaux-du-layon, conservent en vieillissant une belle teinte jaune citron à reflets verts.

Les vins d'Alsace issus de « vendanges tardives » ou de « sélection de grains nobles » prennent en vieillissant une teinte jaune doré prononcée.

▶ Le nez

La palette aromatique des vins blancs peut être définie selon les principaux cépages :

Le chardonnay

Il peut avoir, lorsqu'il est jeune, des arômes végétaux d'herbe fraîche ou de foin, ainsi que des arômes floraux de fleur d'acacia ou de colza, d'églantine ou de chèvrefeuille. En évoluant, il prend des arômes caractéristiques de noisette, d'amande, de miel et de cire d'abeille. Les vins élevés en barrique ont dans leur jeunesse des notes vanillées, puis de grillé et de café en vieillissant.

Le sauvignon

Les vins de sauvignon jeunes se caractérisent par des arômes végétaux de genêt, de buis et d'herbe fraîche, on dit aussi de « pipi de chat ». Ils peuvent également avoir des nuances fruitées de fruits exotiques (mangue, ananas). Lorsqu'ils vieillissent, ils peuvent exprimer le menthol et le champignon. Dans le registre minéral, ils ont des notes caractéristiques de « pierre à fusil ».

Le chenin

Jeune, le chenin possède des arômes de pomme verte caractéristiques, qui évoluent dans le temps vers des notes de coing et de citron que l'on retrouve surtout dans les vins liquoreux des bords de Loire. Les très vieux vouvray ou montlouis prennent des arômes camphrés et mentholés.

Le riesling

Jeune, il exprime des arômes de feuille verte ou de lierre. Selon le terroir où il pousse, ce cépage peut offrir des notes minérales de poussière d'ardoise, qui évoluent en vieillissant vers des arômes de pétrole.

Le muscat à petits grains

Il offre, dès son jeune âge, des arômes complexes d'épices, de coriandre, et d'agrumes avec parfois des tons anisés. En vieillissant, les arômes de miel et d'écorce d'orange dominent.

Le gewurztraminer

Cépage aromatique par excellence, il se caractérise par des arômes de rose et de violette qu'il conserve en vieillissant.

Le sémillon

Rarement vinifié seul, le sémillon possède surtout des arômes de pêche, parfois de poire, qui peuvent évoluer sur des notes de fruits exotiques ou de confiture.

Le condrieu

Il a des arômes typiques de tabac blond, de violette et d'abricot qui s'expriment surtout dans sa jeunesse.

Le savagnin

Cépage des vins jaunes, le savagnin exprime, dès sa jeunesse, des arômes de noix fraîche et de « pierre à fusil ». En vieillissant, il prend des notes de pétrole et d'iode.

▶ La bouche

Les deux axes gustatifs selon lesquels se déguste un vin blanc sont l'acidité et le moelleux. L'acidité, toujours présente, est gage de vieillissement. C'est en quelque sorte sa charpente. Toute la qualité d'un vin blanc réside dans l'équilibre entre l'acidité et les autres composantes gustatives et aromatiques.

On dira d'un vin blanc qu'il est « sec » s'il contient moins de 2 g/l de sucre résiduel. On dit d'un vin jeune, de type muscadet ou sauvignon, qu'il est « vif » ou « nerveux ». Si l'acidité semble excessive, on dira qu'il est « grinçant », voire « raide ». À l'inverse, un vin qui manque d'acidité est mou.

Qu'est-ce que le gras du vin ?

Le gras est dû à la présence plus ou moins prononcée de glycérol. Il s'accentue dans les vins demi-secs, moelleux et liquoreux. Ceux-ci se caractérisent par le sucre, mais si celui-ci n'est pas soutenu par une bonne acidité, les arômes ne ressortiront pas et le vin sera jugé mou, voire lourd et pâteux.

Les styles des vins

Bon à savoir
Lorsque le vin a été élevé en barrique, les caractéristiques aromatiques du cabernet-franc et du cabernet-sauvignon peuvent être masquées par une présence vanillée.

▶ L'œil

L'observation de la teinte et de l'intensité d'un vin rouge donne beaucoup d'indices sur sa qualité et son âge. Toutefois ces deux paramètres varient surtout en fonction du cépage mais aussi des vinifications.

La couleur : un indice de qualité

En règle générale, les vins rouges jeunes ont des teintes profondes, avec des nuances violines qui apparaissent nettement si l'on en verse quelques gouttes sur une surface blanche. La forte intensité violacée d'un vin rouge jeune est gage de bon vieillissement, car la couleur est un indice de maturité pour toutes les composantes du raisin.

La couleur et le temps

Cette couleur s'estompe progressivement avec le temps. Un bordeaux, en vieillissant, va progressivement évoluer vers le grenat, le rubis, le vermillon, puis prendre des tons de brique ou tuilés. Mais lorsque le vin prend des notes prononcées de brun, c'est signe qu'il a été altéré par une mauvaise conservation. Ces caractéristiques sont également valables pour les bourgognes, qui cependant prennent des notes plus orangées en prenant de l'âge.

▶ Le nez

Le cabernet-franc et le cabernet-sauvignon

• Dans leur jeunesse, ces deux cépages se caractérisent par des arômes de poivron vert, davantage prononcés dans les vins d'Anjou ou de Chinon issus du cabernet-franc. On y trouve aussi des arômes de fruits rouges (groseille, framboise) ou de fruits noirs (cassis, mûre).

• En vieillissant, les grands bordeaux rouges peuvent prendre des notes de réglisse, de cacao, de truffe ou de gibier. Les rouges graves se caractérisent par des notes de goudron et de fumée.

Le merlot

• Principal cépage des grands pomerol et de certains saint-émilion ou vins du Médoc, le merlot exprime, lorsqu'il est jeune, des arômes de raisin bien mûr, et de fruits cuits ou confits.

• En vieillissant, ils évoluent vers la framboise, le pruneau et la truffe.

La syrah

Les grands vins de la côte-rôtie ou de l'hermitage, mais aussi les vins rouges plus modestes des côtes-du-rhône se caractérisent, dans leur jeunesse, par des arômes de poivre, de bourgeon de cassis et parfois de violette. En vieillissant, ils prennent des arômes de mûre, puis de cuir et de gibier.

es vins rouges

Le pinot noir

• Cépage roi de la Bourgogne, le pinot noir évoque, dans sa jeunesse, la cerise, la griotte, parfois la groseille et les fruits à noyau. Avec l'âge, il se pare de notes de prune et de cacao.

Le côt

Appelé « auxerrois » à Cahors, ce cépage s'exprime surtout en vieillissant.

Jeune, il peut évoquer le cassis, mais avec l'âge, il prend des arômes de pruneau, de truffe et de gibier.

Le grenache

Dans les appellations corbières et côtes-du-roussillon, le grenache jeune a des arômes de fruits rouges ou de confiture. En vieillissant, il se caractérise par des arômes de gibier, et parfois de fenouil ou encore d'eucalyptus.

Le gamay

C'est, par excellence, le cépage des arômes de jeunesse caractéristiques du beaujolais primeur.

On le reconnaît à ses arômes de fruits rouges, banane ou bonbon anglais. Les meilleurs gamays, aptes au vieillissement, ont cependant des arômes plus complexes, souvent poivrés, qui évoluent vers des notes de fruits rouges.

▶ La bouche

Les vins rouges, comme les vins blancs, s'analysent selon l'acidité à laquelle s'ajoutent la plus ou moins grande astringence des tanins et le gras de l'alcool et du glycérol.

On dit d'un vin rouge qu'il est « bien charpenté » lorsque les trois éléments décrits ci-dessus s'équilibrent.

Certains vins rouges peuvent être très tanniques, voire astringents lorsqu'ils sont jeunes. Tout l'art du dégustateur consiste donc à définir si son moelleux, ses arômes et son acidité lui permettront d'évoluer positivement. Dans le cas contraire, le vin peut s'avérer sec et dépouillé, et ne il s'enrichira pas en vieillissant.

Les tanins

Les meilleurs vins rouges se caractérisent dans leur jeunesse par le soyeux de leurs tanins, dont le grain doit être à la fois fin et serré, mais on juge aussi les vins rouges à leur persistance en bouche.

Il ne faut pas confondre, cependant, la persistance tannique qui n'est que tactile, avec la persistance aromatique qui seule est gage de grand vin.

D'un vin à l'autre

Selon les régions, le pinot noir, par exemple, a une intensité plus ou moins grande, ce qui n'augure pas nécessairement de sa qualité. En revanche, si un carbernet-sauvignon ou une syrah sont faiblement colorés, on pourra penser qu'ils proviennent d'une vendange manquant de maturité, ou d'une cuvaison insuffisante. Dans ce cas, il s'agit d'un défaut.

Les styles des vins : les

▶ L'œil

Le rosé se définit par sa couleur. Son aspect visuel est donc important. Toutefois, la couleur d'un rosé varie énormément selon qu'il est issu d'un pressurage direct ou d'une macération. Les premiers sont en effet peu colorés, on parle même de « vin gris » pour certains vins de l'Orléanais ou des côtes-de-toul. Les rosés de « saignée » sont des vins issus d'une cuve destinée au vin rouge, dont on a extrait une partie du jus en cours de macération. Ils sont plus colorés et leur teinte va du pétale de rose clair à l'orangé comme pour les tavel.

▶ Le nez

On retrouve dans les rosés les principales caractéristiques des cépages rouges dont ils sont issus. Cerise pour le pinot noir, poivron pour le cabernet, figue fraîche pour le grenache, et poivre pour le gamay et la syrah. Certains rosés ont des notes prononcées de bonbon anglais dues à la vinification.

▶ La bouche

On attend d'un rosé qu'il soit vif et fruité. Pour ne pas masquer les arômes, l'acidité ne doit pas être trop importante, car elle n'est pas compensée par les tanins. Un bon rosé doit avoir une attaque franche et l'on doit tout de suite sentir son fruit. Certains rosés sont plus vineux que d'autres. Dans ce cas, on perçoit quelques tanins, mais qui ne doivent ni « accrocher » ni laisser une impression d'amertume.

▶ L'œil

Un vin effervescent se juge, comme un vin blanc tranquille, à sa couleur, à son brillant, à sa limpidité et à son intensité. À ces appréciations s'ajoutent des considérations sur la mousse. Son intensité varie selon la température mais aussi selon le verre. Plus le vin est froid et moins la mousse est abondante au-dessus du liquide. La qualité d'un vin effervescent s'apprécie à la densité, la persistance et la taille des bulles qui forment le « cordon » montant du fond du verre. Les bulles doivent être fines et le cordon continu. L'intensité de la couleur varie selon l'âge du vin.

▶ Le nez

Le gaz carbonique dégagé par les bulles provoque un léger picotement des muqueuses nasales, aussi faut-il éloigner légèrement le verre et tenter de reconnaître les arômes.

• Un champagne, s'il est « blanc de blancs », offre des arômes de fruits blancs, d'agrumes, mais parfois aussi de brioche. Le pinot noir apporte des notes vineuses.

• Les crémants-de-loire, issus du chenin, expriment des arômes de pomme verte et de coing, les crémants-de-limoux, issus du mauzac, ont des accents d'épices et de poire, et la clairette-de-die possède les caractéristiques du muscat.

▶ La bouche

Le picotement des bulles est une sensation particulière qui ne doit pas être agressive. Une bonne mousse est une mousse crémeuse qui doit être persistante et fine et ne doit pas masquer par son ardeur l'acidité et les arômes. On pourra juger du moelleux d'un vin effervescent en fonction de sa catégorie : brut, brut zéro, sec ou demi-sec.

La bon nombre de bouteilles

En moyenne, comptez 3 bouteilles par repas pour une table de 6 personnes. Une bouteille pour les entrées, une autre pour le plat principal, et une dernière pour le dessert. Si vous servez du fromage, une quatrième bouteille peut s'avérer utile. Cela fait en moyenne quatre verres par personne, ce qui reste raisonnable, à condition de ne pas oublier l'eau.
Celui qui conduira s'abstiendra de finir ses verres. Il pourra en revanche goûter une ou deux gorgées de chaque cru.

Choisir la bouteille qui étonnera ses convives fait déjà partie du plaisir de la dégustation.

Servir le vin

« Quand le vin est tiré, il faut le boire. » Le vin est d'abord fait pour être bu. Mais c'est un produit plaisir, et ce que l'on en retire dépend beaucoup du cadre dans lequel on le boit, des mets qui l'accompagnent… et aussi de la qualité des convives.

▸ Combien de bouteilles prévoir ?

Tout dépend de la soif de vos convives. Mais on peut compter en moyenne qu'une bouteille remplit convenablement 5 ou 6 verres s'il s'agit d'un vin rare. Cela dépend aussi de la nature du vin. En général, on boit plus de vin rouge que de liquoreux. Ajustez le volume des verres en conséquence.

▸ À quelle température servir les vins ?

La température est un facteur fondamental pour apprécier chaque type de vin. De faibles écarts, dans le chaud comme dans le froid, peuvent assassiner un grand cru. Ceci étant, n'oubliez jamais que la température d'un vin doit toujours être ajustée en fonction de celle de la pièce où se déroule le repas. L'idéal est de servir le vin dans une pièce qui n'excède pas 20 °C. N'oubliez pas que le vin va prendre environ 8 degrés en une heure dans une pièce à 25 °C. Ajustez le moment du service en conséquence.

Vins blancs, effervescents et rosés

Trop froid, en dessous de 8 degrés, un champagne ou un vin blanc peuvent s'avérer décevants, le choc thermique pouvant alors anesthésier le palais. Trop chaud, au-dessus de 10 degrés, le vin devient insipide et sa palette aromatique s'altère.

Vins rouges

Certains vins rouges jeunes ou primeurs ont tout intérêt à être rafraîchis à 12 degrés. Leur fruité n'en ressortira que mieux. C'est, en particulier, le cas du beaujolais primeur et des vins rouges de la vallée de la Loire comme le sancerre rouge, le saumur-champigny, le cheverny et le bourgueil. Certains côtes-du-rhône acceptent bien la fraîcheur.

Méfiez-vous du « chambrage ». Servir un vin à la température de la pièce était une bonne méthode à l'époque où la température des appartements ne dépassait pas 18 °C. Dans un appartement chauffé au-delà de cette température, vous risquez de massacrer un grand vin, surtout si vous le laissez près d'une source de chaleur.

Températures de consommation des différents types de vins

Les vins blancs doivent être servis à plus basse température, car ils se réchauffent dans le verre.

Grands vins rouges de Bordeaux	17-18°
Grands vins rouges de Bourgogne	15-16°
Grands vins rouges tanniques	16-18°
Vins rouges peu tanniques	14-16°
Vins rosés, vins de primeur	10-12°
Grands vins blancs secs	10-12°
Vins légers rouges	10-12°
Petits blancs	8-10°
Champagnes, mousseux	8-10°
Liquoreux	8°

▶ Comment déboucher la bouteille ?

• *Pour ouvrir une bouteille de vin tranquille :*

1. Coupez la capsule au-dessous de la bague.

2. Essuyez avec un linge propre le goulot.

3. Enfoncez le tire-bouchon bien droit et jusqu'au bout du bouchon, mais sans le traverser complètement.

4. Tirez le bouchon en douceur, d'un mouvement long et continu.

5. Humez le bouchon pour vous assurer que le miroir (le côté intérieur) sent le vin et pas le liège.

6. Essuyez l'intérieur du goulot avec un linge différent du premier.

7. Goûtez le vin.

• *Pour ouvrir une bouteille de vin effervescent, vous procéderez différemment :*

1. Inclinez la bouteille et retirez le muselet métallique.

2. Bloquez le bouchon avec le pouce et tournez la bouteille, inclinée, avec l'autre main.

3. Prenez le bouchon à pleine main, mais avec une serviette, et tournez-le au-dessus d'un verre qui recueillera la première mousse.

Déboucher une bouteille de vin tranquille.

Déboucher une bouteille de vin effervescent.

Bon à savoir

• La règle qui consiste à servir un vin blanc entre 8 et 10 ° est une règle générale ; certains vins blancs peuvent être servis à une température supérieure. Il s'agit en particulier des vins jaunes du Jura ou des grands vins blancs de Bourgogne, qui supportent une température oscillant entre 12 et 14 degrés. Il en va de même pour les portos.

• En règle générale, les vins rouges (sauf exception, voir p. 35) se servent entre 16 et 18 degrés. En dessous de 16 degrés, le vin restera fermé et paraîtra décevant. Au-delà de 20 degrés, ses arômes vont s'évanouir rapidement, l'alcool va dominer, le vin semblera brûlant. Notez cependant que les vins généreux, de type grand bourgogne ou grands vins de la vallée du Rhône, ont tout intérêt à être servis dans la fourchette basse des températures conseillées.

Les tire-bouchons

Les tire-bouchons les plus simples sont les meilleurs. Un bon tire-bouchon doit surtout posséder une vrille en « queue de cochon » aux spirales bien détachées. Évitez à tout prix le tire-bouchon à vrille en forme de vis, qui peut faire un trou dans le bouchon sans l'extraire, surtout si celui-ci est ancien.

– Il existe aussi des tire-bouchons à vis sans fin contenue dans un cylindre en plastique, qui évitent de tirer sur le bouchon. Ils sont assez pratiques mais leur ouverture n'est pas toujours adaptée à toutes les formes de goulots. Et le fait de transpercer le bouchon est un risque pour le vin.

– Si vous utilisez un tire-bouchon ordinaire, veillez à enfoncer la vrille légèrement en biais et bien profondément, sans forcer, vous aurez ainsi davantage de prise.

▸ Les mauvais goûts

• *Le goût de bouchon*

Si caractéristique, il est un phénomène aléatoire qui découle de la décomposition des molécules du chlore utilisé dans le traitement des bouchons. Il n'existe pas de moyen de s'en prémunir mais le phénomène peut être accentué par une cave trop chaude. S'il s'agit d'une bouteille achetée récemment, prévenez votre fournisseur. Il aura peut-être l'élégance de la remplacer si vous lui rapportez le bouchon et la bouteille. Au restaurant, n'hésitez pas à le signaler, on vous changera la bouteille.

• *Le goût de « réduit »*

Il se trouve dans certaines bouteilles anciennes. Il résulte en général de la décomposition du soufre. Il s'atténue considérablement si l'on aère et que l'on décante le vin durant quelques heures.

• *Le goût d'œuf pourri, ou de mercaptan*

Il est caractéristique de certaines bouteilles de champagne exposées trop longtemps à la lumière artificielle.

▸ Faut-il décanter les vins ?

Le décantage consiste à verser le vin dans une carafe avant le service pour l'aérer et lui permettre d'exprimer ses arômes. C'est une opération fortement recommandée par les spécialistes, pour tous les types de vins, y compris les vins effervescents.

La carafe

Elle doit posséder un long col et une base large. On prendra soin de verser lentement le contenu de la bouteille en le faisant glisser le long du col de la carafe.

Quand faut-il décanter ?

Cela dépend des vins. Pour les vins jeunes, blancs ou rouges, on peut s'y prendre de 1 heure 30 à 2 heures avant le service. Il faudra, dans ce cas, tenir compte de l'évolution de la température soit en maintenant la carafe dans le réfrigérateur, soit en l'entourant d'un revêtement thermique. Un papier d'aluminium peut suffire.

Les vins blancs liquoreux, qui sont les plus chargés en soufre, gagnent à être décantés plusieurs heures, voire 24 heures à l'avance. En revanche, les vieux vins rouges, qui sont les plus fragiles, ne devront être décantés que dans le quart d'heure précédant le service, et être bus dans les minutes qui suivent.

▶ Les verres

La qualité des verres est fondamentale pour deux raisons : mettre en valeur les arômes du vin, et donner du plaisir en buvant dans une belle vaisselle digne du contenu.

Choisir le bon verre

La gamme des verres est infinie mais il convient de respecter plusieurs règles : un verre à vin doit être transparent et non gravé pour apprécier la teinte du breuvage. Il doit posséder un

À éviter

Évitez le « limonadier » simple, peu pratique. En faisant levier sur le goulot, il peut endommager ce dernier. En revanche, certains limonadiers à double levier sont beaucoup plus pratiques.

Bon à savoir

Le bon champagne a tout à gagner, lui aussi, à être servi en carafe.

Par tradition, la décantation se fait devant une bougie. Le vin est transvasé dans une carafe en cristal, appelée « décanteur ».

pied pour être remué et sa partie basse doit être plus large que sa partie haute, de manière à concentrer les arômes. Enfin, le volume doit permettre de servir une dose convenable sans dépasser le tiers de la contenance du verre.

- Le « verre INAO », celui des professionnels de la dégustation, n'est pas obligé à table. Mais il ne déplaît pas non plus.
- Sont donc à proscrire : les verres ballons et les verres de type « alsace ». Pour les effervescents, on utilisera des flûtes plutôt que des coupes.

▶ Les petits accessoires de l'amateur de vin

Le connaisseur peut trouver facilement une multitude d'objets qui lui seront très utiles dans la pratique de sa passion.

Le thermomètre

C'est un outil très utile pour connaître la température exacte du vin. Il en existe de plusieurs sortes, en vente dans les boutiques spécialisées. Ils se présentent en général sous la forme d'un stylo contenu dans un étui. Cela permet de prendre la température du vin directement dans la bouteille ou dans le verre.

Toutefois, les thermomètres les plus pratiques sont des cartes souples thermosensibles que l'on applique sur la surface de la bouteille ou de la carafe. La température s'inscrit ainsi directement sur la carte, ce qui évite de déboucher la bouteille.

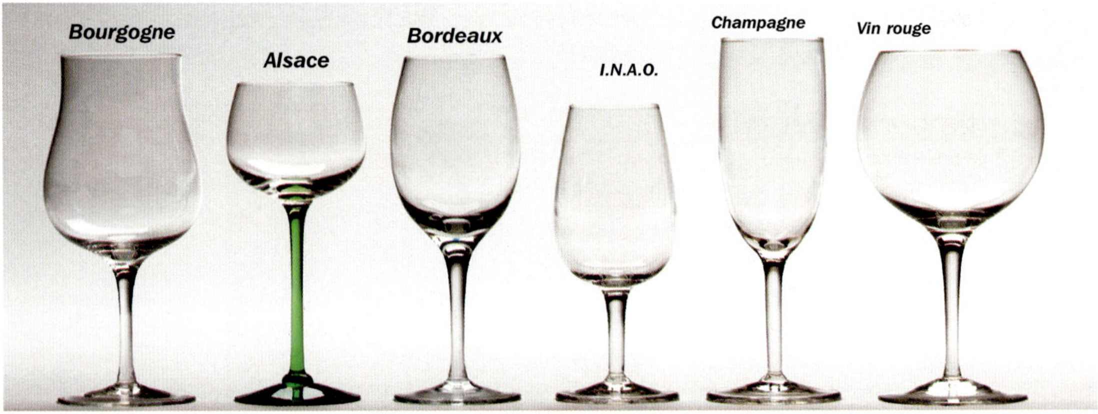

Comment entretenir verres et carafes ?

La belle vaisselle se lave à la main. Les carafes entartrées ou ternies se nettoient avec du vinaigre et du gros sel que l'on secoue à l'intérieur du récipient avant de rincer abondamment. Un rinçage à la bière donne un bel éclat.

- Ne rebouchez pas une carafe propre et, avant de décanter le vin, rincez-la à l'eau claire et essuyez-la avec un torchon sec ou du papier absorbant. Avant usage, humez l'intérieur de la carafe. Elle doit être totalement inodore.
- Pour les verres, un lavage à l'eau savonneuse est suffisant. Rincez abondamment et essuyez si possible avec du papier absorbant. Un torchon, même propre et sec, peut toujours laisser une odeur. Mirez les verres à la lumière du jour avant le service et humez-les pour vous assurer qu'ils sont parfaitement nets et inodores.

Le panier verseur

C'est un objet charmant mais peu pratique, car il est adapté aux bouteilles et non aux carafes et ne permet donc pas la décantation. Il est utilisé dans les meilleurs restaurants pour exposer la bouteille décantée. C'est de parfait mauvais goût chez soi.

Les carafes

Ce sont des objets qui ont beaucoup de grâce. On choisira de préférence une carafe avec un long col, le réceptacle pouvant être ovoïde ou sphérique. Peu importe que la carafe soit ou non gravée, car c'est dans le verre que s'examine l'aspect du vin. On trouve ces carafes – de prix exorbitants (marques) à un prix très raisonnable – dans les grands magasins.

Le porte-bouchon

Si le bouchon est étampé et porte une indication sur la provenance du vin, on peut le mettre en évidence en l'accrochant au col de la carafe au moyen d'un porte-bouchon métallique muni d'une chaînette. Il en existe de très jolis, en général de couleur argentée, en vente dans les magasins spécialisés.

Quelques ac

▸ENTRÉES ET HORS-D'ŒUVRE

Jambon cru, saucisson sec :
rosé-de-loire,
chinon rosé, tavel,
côtes-du-rhône rosé,
bordeaux clairet,
beaujolais primeur,
corbières rosé,
irouléguy rosé.

Harengs pommes à l'huile :
alsace-pinot noir.

Salade niçoise :
côtes-de-provence rosé,
coteaux-varois rosé.

Asperges :
alsace-muscat,
côtes-du-jura-savagnin.

Artichauts :
bordeaux rosé.

Cuisses de grenouilles :
petit-chablis,
côtes-de-blaye blanc,
côtes-du-jura-chardonnay.

Foie gras au naturel :
monbazillac,
haut-montravel,
pacherenc-du-vic-bilh moelleux,
coteaux-du-layon,
coteaux-de-l'aubance,
alsace-tokay-pinot gris,
banyuls-rimage,
corton-charlemagne.

Garbure :
madiran,
cahors,
bergerac rouge.

Jambon persillé :
chassagne-montrachet blanc,
champagne,
chablis.

Rillettes et rillauds :
vouvray demi-sec,
montlouis demi-sec,
touraine-gamay,
cabernet-d'anjou.

▸COQUILLAGES ET CRUSTACÉS

Huîtres :
muscadet,
entre-deux-mers,
premières-côtes-de-blaye blanc,
beaujolais primeur,
gros-plant,
bourgogne-aligoté,
alsace-sylvaner,
picpoul-de-pinet.

Homard à l'américaine :
montravel moelleux,
coteaux-de-l'aubance,
alsace-grand-cru-riesling,
château-chalon,
pouilly-fuissé.

Langouste mayonnaise :
patrimonio blanc,
chassagne-montrachet,
alsace-riesling,
vin de savoie-apremont.

Écrevisses à la nage :
sancerre blanc,
sauvignon-de-saint-bris,
corbières blanc.

Moules marinières :
muscadet-des-coteaux-de-la-loire,
anjou blanc,
pouilly-sur-loire.

rds mets et vins

POISSONS

Bouillabaisse :
cassis blanc,
côtes-de-provence rosé,
clairette-du-languedoc,
bandol rosé,
côtes-du-roussillon blanc.

Anguille persillade :
blaye blanc,
graves blanc,
sainte-foy-bordeaux blanc sec,
sauvignon-du-haut-poitou,
tursan blanc.

Bar grillé :
bellet blanc,
bandol blanc,
ajaccio blanc,
bergerac blanc sec.

Quenelles de brochet :
bugey blanc,
beaujolais blanc.

Brandade de morue :
minervois blanc,
marcillac rosé,
côtes-du-frontonnais rosé,
gaillac rosé.

Filets de sole :
graves blanc,
chablis-grand-cru,
sancerre blanc,
menetou-salon blanc.

Saumon fumé :
pouilly-fumé,
puligny-montrachet,
côtes-du-jura blanc,
alsace-riesling,
côtes-de-toul gris.

Thon basquaise :
irouléguy rouge,
béarn rosé,
jurançon sec.

Truite aux amandes :
alsace-pinot blanc,
côtes-du-roussillon blanc.

VIANDES

Entrecôte bordelaise :
saint-julien,
côtes-de-bergerac rouge,
graves rouge,
saint-émilion grand cru,
côtes-de-castillon,
saint-joseph rouge.

Pot-au-feu :
cru du Beaujolais,
anjou-villages rouge.

Rosbif froid :
beaune rouge,
hautes-côtes-de-nuits rouge,
moulis.

Rôti de bœuf :
côtes-du-rhône rouge,
saint-estèphe,
graves rouge,
pomerol.

Steak maître d'hôtel :
chénas,
montagne-saint-émilion,
givry rouge,
santenay rouge.

Bœuf bourguignon :
mercurey rouge,
bourgogne-côte-chalonnaise,
bourgogne-passetoutgrain.

Fondue bourguignonne :
bourgogne rosé,
côtes-du-ventoux rouge,
arbois-pupillin.

Baron d'agneau :
pauillac,
haut-médoc,
minervois.

Épaule d'agneau boulangère :
hermitage rouge,
côtes-du-roussillon rouge.

Gigot :
saint-julien,
châteauneuf-du-pape rouge,
gigondas.

Quelques ac

Porc

Andouillette grillée :
chablis,
vouvray sec,
rosé-des-riceys,
mâcon blanc,
beaujolais rouge.

Cassoulet :
corbières rouge,
cahors,
côtes-du-frontonnais rouge.

Choucroute garnie :
alsace-pinot blanc,
alsace-sylvaner,
riesling.

Rôti de porc froid :
côtes-de-bergerac,
bourgogne blanc,
lirac rouge.

Veau

Blanquette de veau :
arbois blanc,
côtes-de-provence rosé,
bourgogne blanc.

Foie de veau poêlé :
riesling,
coteaux-d'aix-en-provence rouge.

Rognons de veau :
étoile-vin jaune,
saumur-champigny.

Volailles et lapin

Poulet rôti :
bordeaux rouge,
jurançon sec,
rully blanc.

Magret de canard :
irouléguy rouge,
anjou-brissac.

Canard aux navets :
puisseguin-saint-émilion,
saumur-champigny.

Coq au vin :
bergerac rouge,
chinon rouge,
arbois rouge.

Lapin chasseur :
savennières,
touraine rosé,
haut-poitou-gamay.

Poulet basquaise :
tursan rouge,
vin de pays des Côtes de Gascogne.

Confit de canard :
madiran,
gaillac rouge,
marcillac rouge.

Gibier

Civet de lièvre :
minervois rouge,
canon-fronsac,
pommard.

Cuissot de sanglier :
chambertin,
corbières rouge,
côte-rôtie,
cornas.

Gigue de chevreuil :
corton rouge,
hermitage rouge,
côtes-du-roussillon rouge.

Salmis de palombe :
collioure,
patrimonio rouge,
saint-julien.

Faisan rôti :
alsace-gewurztraminer,
champagne rosé,
rosé-des-riceys.

rds mets et vins

FROMAGES

Beaufort, comté :
vin jaune,
côtes-du-jura-savagnin,
meursault.

Bleu d'Auvergne, bleu de Bresse :
côtes-de-bergerac moelleux,
mâcon rouge,
touraine-sauvignon.

Brie :
alsace-pinot noir,
beaune rouge.

Camembert :
beaujolais-villages,
bandol rouge… ou cidre !

Époisses :
savigny,
côte-de-brouilly.

Cantal vieux :
loupiac,
lirac blanc,
marcillac rouge.

Reblochon :
mercurey,
touraine-gamay.

Roquefort :
sauternes,
muscat VDN,
banyuls.

Pyrénées brebis :
pacherenc-du-vic-bilh moelleux,
côtes-de-castillon.

Sainte-maure :
rivesaltes blanc,
cheverny-gamay,
cour-cheverny.

Valençay :
vouvray moelleux,
valençay-gamay.

Crottin de Chavignol :
sancerre blanc,
menetou-salon blanc,
côte-roannaise.

DESSERTS

Desserts au chocolat :
banyuls,
rasteau,
maury.

Crème renversée, crème au caramel, îles flottantes :
coteaux-du-layon,
muscat-de-rivesaltes,
sauternes.

Tarte Tatin, tartes aux fruits :
pineau-des-charentes,
champagne,
saumur-champigny.

Fraises au sucre :
bergerac rouge,
muscat-de-beaumes-de-venise.

Brioche, kouglof :
alsace-vendanges tardives,
champagne.

Salade de fruits :
sainte-croix-du-mont,
muscat-de-saint-jean-de-minervois.

La France du vin

Les régions viticoles françaises

La France peut se targuer de posséder le vignoble le plus varié du monde. Cela est dû surtout à son climat, à la croisée des influences atlantique et méditerranéenne, mais aussi à la variété de ses cépages, qu'un savoir-faire vigneron ancestral a su adapter au mieux des différents terroirs. Dans un paysage viticole mondial qui tend vers l'unification du goût, c'est là le meilleur atout des vins de France.

La Champagne

Il n'est champagne que de Champagne. Souvent imité, le champagne est le vin mousseux le plus prestigieux au monde. Sa particularité tient à son élaboration et à sa diffusion, assurées pour l'essentiel par de grandes maisons de négoce.

L'aire de production des vins de Champagne est un ensemble morcelé réparti entre les départements de l'Aisne, de la Seine-et-Marne, de la Marne, de l'Aube et de la Haute-Marne. Le vignoble champenois, concentré sur la Marne et l'Aube, est le plus septentrional de France, mais l'ensoleillement modéré de l'été assure finesse et acidité aux vins effervescents qui constituent la quasi-totalité de la production champenoise. Le chardonnay, le pinot noir et le pinot meunier sont les seuls cépages autorisés dans l'élaboration du champagne. Les vins issus du seul chardonnay ont la mention « blanc de blancs ».

La Champagne produit également des vins tranquilles rouges, rosés ou blancs.

▸ Les styles des vins

La particularité du champagne est d'être en grande partie issu de raisins noirs à jus blanc. Ce qui explique le soin particulier apporté aux raisins qui sont exclusivement vendangés à la main pour éviter qu'en s'écrasant, les baies ne « tachent » le vin.

Région septentrionale, la Champagne produit des vins rouges légers et élégants, célèbres bien avant les effervescents. (Ci-contre, le vignoble d'Ambonnay.)

• La plupart des grands champagnes sont issus d'assemblages subtils de raisins provenant de différents terroirs classés selon une échelle de crus en fonction de leur qualité.

• La qualité du vin tient aussi à son élaboration et au dosage de la liqueur d'expédition qui donnera au champagne une touche finale plus ou moins douce et le classera dans la catégorie des bruts, secs ou demi-secs. Les champagnes millésimés sont élaborés avec les récoltes des meilleures années (1990, 1995 et 1996). Toutefois on ne juge de la qualité d'un millésime qu'à l'issue du processus de champagnisation qui dure en moyenne trois ans.

• On reconnaît la qualité d'un champagne à la finesse de ses arômes, plus floraux que fruités, ainsi qu'au crémeux et à la persistance de ses bulles qui doivent être fines et non agressives. Les champagnes rosés ont souvent des notes plus fruitées, voire vineuses.

Les accords avec les mets

Le champagne peut se boire en toute occasion. C'est un vin d'apéritif, mais aussi de dessert. Les meilleurs champagnes sont des vins de repas que l'on peut boire avec plaisir sur les poissons, les viandes blanches ou les volailles rôties. Certains champagnes aux tonalités vineuses s'accordent bien avec le gibier à plumes, le jambon persillé, les pâtés en croûte et les fromages crémeux comme le chaource.

Le prix des appellations

Champagnes de propriété non millésimés €€

Champagnes millésimés de marque €€€

Champagnes de grandes marques et cuvées spéciales €€€€

L'Alsace

Le vignoble alsacien couvre près de 15 000 ha répartis sur les départements du Bas-Rhin et du Haut-Rhin. Il occupe principalement les pentes du Massif vosgien qui bordent la plaine du Rhin.

Le vignoble alsacien s'étire en une bande orientée nord-sud, qui s'étend à la base du versant oriental du Massif vosgien.

Ce prestigieux vignoble se caractérise par la variété de sa structure géologique, une foule de microclimats et la diversité des cépages (riesling, gewurztraminer, sylvaner, tokay-pinot gris, etc.). Cette diversité s'est concrétisée par la reconnaissance d'une cinquantaine de grands crus qui, à la différence des autres régions viticoles, ne portent pas des noms de villages mais de lieux-dits, ce qui permet d'affirmer encore plus la spécificité des terroirs.

▶ Les styles des vins

Les vins blancs

La qualité de sec, demi-sec ou moelleux ne figurant pas sur les étiquettes des vins d'Alsace, le consommateur peut avoir du mal à se repérer.

• À l'exception du pinot noir, tous les cépages alsaciens peuvent produire, en fonction des années, des vins blancs secs, demi-secs, moelleux ou liquoreux. Mais, dans la pratique, la majorité des rieslings, le pinot blanc, le muscat, le sylvaner, le chasselas et le klevener du Heiligenstein produisent des vins blancs plus ou moins secs. Le gewurztraminer et le tokay-pinot gris sont le plus souvent vinifiés en demi-sec ou moelleux.

• Les vins d'Alsace ont une forte expression aromatique. Celle-ci va des senteurs herbacées du sylvaner aux arômes capiteux de rose et de fruits exotiques du gewurztraminer, en passant par les notes minérales du riesling et les épices du tokay-pinot gris.

• Dans les meilleures années, le riesling, le gewurztraminer et le tokay-pinot gris sont vinifiés en liquoreux. On parle alors de « vendanges tardives » ou de « sélection de grains nobles ». Ce sont des vins très capiteux, d'une richesse aromatique inouie.

Les vins rouges

• Le pinot noir donne, en général, des vins peu intenses en couleur, mais on trouve de plus en plus de rouges dont la couleur n'a rien à envier à celle de leurs cousins bourguignons. Les rouges d'Ottrott sont particulièrement renommés.

Les crémants

• Le crémant-d'alsace est un vin mousseux de qualité élaboré selon la méthode traditionnelle. Il provient d'un assemblage des principaux cépages, auxquels peut s'ajouter du chardonnay, réservé à cet usage en Alsace.

Les accords avec les mets

Vins blancs secs : poissons et fruits de mer.

Pinot blanc : choucroute.

Pinot noir : charcuterie, viandes blanches, viandes rouges.

Riesling : choucroute.

Tokay-pinot gris : apéritif, foie gras, cuisine asiatique.

Gewurztraminer : apéritif, foie gras, cuisine asiatique.

« Vendanges tardives » et « sélection de grains nobles » : desserts.

Crémant-d'alsace : apéritif.

Le prix des appellations

Alsace €

Alsace-grand-cru, crémant-d'alsace €€

Vendanges tardives, sélection de grains nobles €€€

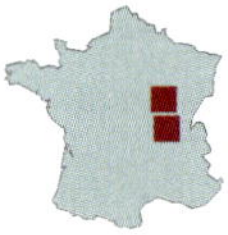

La Bourgogne et le Beaujolais

La Bourgogne est la région viticole la plus variée. Celle où, depuis des siècles, les hommes ont su le mieux exploiter les potentialités des microclimats et des différents terroirs.

La Bourgogne viticole se divise en six grandes régions : l'Auxerrois et le Chablisien (dans l'Yonne), la Côte de Nuits, qui s'étend au sud de Dijon, et la Côte de Beaune, l'appellation sous-régionale bourgogne-côte-chalonnaise, le Mâconnais (en Saône-et-Loire) et le Beaujolais (en Saône-et-Loire et dans le Rhône).

▶ Les styles des vins

La Bourgogne produit des vins rouges, blancs secs, rosés et effervescents.

Les vins blancs

Les vins blancs issus du chardonnay varient énormément en intensité selon les terroirs. La gamme des chablis se caractérise par la fraîcheur et la légèreté.

• C'est dans la Côte de Beaune que l'on produit les meilleurs vins blancs, notamment dans les appellations corton-charlemagne, montrachet, puligny-montrachet et meursault. L'élevage en fût leur apporte des notes complexes de grillé, de cèdre et d'épices. Les vins blancs du Mâconnais sont plutôt des « vins de soif », à l'exception du pouilly-fuissé qui possède une bonne capacité de garde.

Les vins rouges

• Les vins rouges de l'Yonne peuvent être légers et désaltérants, comme ceux de bourgogne-

Le clos de Vougeot, un vignoble créé dès les premières années du XIIe siècle.

chitry, ou plus corsés, comme ceux d'irancy.

• La Côte de Nuits est la région des grands vins rouges de garde, solides et charpentés comme ceux de gevrey-chambertin ou de nuits-saint-georges, mais on y trouve aussi des grands crus plus subtils comme à Vosne-Romanée, avec la célèbre romanée-conti, et à Chambolle-Musigny.

• La Côte de Beaune produit des vins à la fois subtils et puissants, comme à Beaune, ou plus terriens et rustiques, comme à Pommard.

• La Côte châlonnaise produit des vins rouges assez simples. Ceux de mercurey et de givry ont une belle puissance et du fruit.

• Les rouges du Mâconnais sont assez rustiques.

Le Beaujolais

Le Beaujolais, entièrement complanté en gamay, est surtout connu pour ses vins primeurs, exprimant des arômes primaires. Mais ses dix crus donnent des vins très expressifs en arômes fruités et floraux comme ceux de chénas, fleurie et brouilly. Morgon, juliénas et régnié donnent des vins plus robustes.

Les rosés

Les rosés bourguignons sont aigrelets, avec souvent des saveurs de groseille. Ceux de marsannay sont les plus réputés.

Les crémants

Les crémants-de-bourgogne, dont l'Yonne est grosse productrice, peuvent être de très bonne facture, avec une mousse souvent crémeuse exprimant parfois des saveurs vineuses ou miellées.

Les accords avec les mets

Blancs de chablis : poissons grillés, cuisses de grenouilles, jambon persillé, escargots, pâté en croûte.

Grands blancs de Bourgogne : turbot à la crème, langouste thermidor, homard à l'américaine, volailles et viandes blanches rôties, pâtés de gibier.

Mâcon blanc : escargots, andouillette.

Bourgognes rouges jeunes : grillades, rôti de bœuf, bœuf bourguignon, fondue bourguignonne, champignons, fromage d'Époisses.

Grands bourgognes rouges, lorsqu'ils ont quelques années de bouteille : gibier, viandes truffées.

Crus du Beaujolais : pot-au-feu, magret de canard grillé, charcuterie régionale.

Le prix des appellations

• Vins blancs

Bourgogne, bourgogne-côtes-d'auxerre, saint-bris, bourgogne-aligoté, petit-chablis, bourgogne-côte-chalonnaise, mâcon, montagny, beaujolais blanc €

Bourgogne-hautes-côtes-de-nuits, bourgogne-hautes-côtes-de-beaune, côte-de-beaune, auxey-duresses, saint-romain, saint-aubin, chassagne-montrachet, chablis, rully, saint-véran, mercurey €€

Pernand-vergelesses, savigny-lès-beaune, santenay, chablis-grand-cru, chablis-premier-cru, monthélie, meursault, beaune, puligny-montrachet, pouilly-fuissé €€

Corton-charlemagne, montrachet €€€€

• Vins rouges

Beaujolais-villages, mâcon, bourgogne-côte-chalonnaise, bourgogne-passetoutgrain, bourgogne-grand-ordinaire €

Mercurey, rully, maranges, côte-de-beaune-villages, santenay, saint-romain, auxey-duresses, monthélie, côte-de-beaune, chorey-lès-beaune, savigny-lès-beaune, pernand-vergelesses, aloxe-corton, ladoix, côtes-de-nuits-villages, nuits-saint-georges €€

Beaune, volnay, pommard, corton, vosne-romanée €€€

Chambolle-musigny, romanée-saint-vivant, richebourg, la tâche, romanée-conti, échézeaux, grands-échézeaux €€€€

Le Jura et la Savoie

Le Jura et la Savoie présentent la particularité d'utiliser un certain nombre de cépages que l'on ne retrouve pas dans d'autres régions viticoles. Ce sont des cépages adaptés à un climat rigoureux qui ne permet au vignoble de s'épanouir que sur les pentes les mieux exposées. La spécificité du Jura tient à sa production de vin jaune, qui s'obtient par une lente oxydation de vins issus du cépage savagnin. Il ne faut pas le confondre avec le vin de paille, vin liquoreux provenant de raisins à forte concentration en sucre obtenue par dessiccation.

Le vignoble savoyard, réparti sur la Savoie et la Haute-Savoie, produit surtout des vins blancs, mais la production de rouges est en constante augmentation. Le petit vignoble du Bugey (AOVDQS), aux environs de Belley et d'Ambérieu, produit des vins blancs et effervescents.

Sur les coteaux de Jongieux, le cépage altesse (ou roussette) a trouvé son lieu de prédilection et donne des vins riches et parfumés.

Récolté sur un site remarquable, les marnes noires du Lias, le savagnin donne naissance au plus prestigieux vin du Jura : le château-chalon.

▶ Les styles des vins

Les vins blancs

• Les vins blancs du cépage savagnin ont souvent un « goût de jaune », plus ou moins prononcé. Le vin jaune est un vin très sec, caractérisé par des arômes de « pierre à fusil » et de noix fraîche. Sa capacité de garde est exceptionnelle, jusqu'à cent ans.

• Le vin de paille est un vin liquoreux aux saveurs de fruits confits et de raisin de Corinthe.

• Les crémants-du-jura, issus principalement du chardonnay, ont une mousse intense et des arômes floraux tirant parfois sur le miel.

• Les vins blancs de Savoie sont souvent perlants. Ils se boivent jeunes et ont une acidité prononcée sans être agressive.

Les vins rouges

• Les vins rouges du Jura issus du poulsard se caractérisent par un rosé intense tirant sur l'orangé. Ils sont légers et ont des arômes de fumée. Les vins issus du trousseau sont plus tanniques et colorés et ont davantage de fruit. Les rouges de garde proviennent, en général, d'un assemblage de trousseau et de pinot noir.

• Les meilleurs vins rouges de mondeuse ont des saveurs épicées qui évoluent vers des notes de gibier. Les vins de gamay sont plus simples et se boivent jeunes.

Les accords avec les mets

Vins rouges et rosés du Jura : charcuterie fumée, grillades et fondue bourguignonne.

Vins blancs : poissons grillés, volailles à la crème.

Vin jaune : comté vieux.

Vins blancs de Savoie : fondue savoyarde, fruits de mer, poissons d'eau douce.

Vins rouges : charcuterie savoyarde, viandes grillées.

Le prix des appellations

Vins blancs, rosés ou rouges de Savoie €

Vins du Jura € et €€

Vin jaune, vin de paille et l'AOC château-chalon €€€ et €€€€

La Vallée du Rhône

Les vignobles de la vallée du Rhône représentent le troisième ensemble viticole de France en importance. Ils sont divisés en deux régions bien distinctes :

• Le vignoble septentrional, entre Lyon et Valence, avec les crus condrieu, côte-rôtie, saint-joseph, hermitage, crozes-hermitage, cornas et saint-péray.

• Le vignoble méridional, entre Valence et Avignon, avec les crus lirac, tavel, châteauneuf-du-pape, vacqueyras et gigondas.

• La vallée du Rhône offre également des vins régionaux (côtes-du-rhône ou côtes-du-rhône-villages). Les vins de pays des Coteaux de l'Ardèche, des Coteaux des Baronnies, du Comté de Grignan et des Collines rhodaniennes, ainsi que les AOC côtes-du-vivarais, coteaux-du-tricastin, côtes-du-ventoux, coteaux-de-pierrevert, côtes-du-luberon, clairette-de-die, crémant-de-die et châtillon-en-diois se rattachent aux vignobles rhodaniens.

▸ Les styles des vins

Les vins blancs

Les vins blancs secs sont généralement charnus, ronds et gras. Les condrieu sont très aromatiques. Ils évoquent le tabac blond, la violette et l'abricot. Les blancs de châteauneuf-du-pape et de l'hermitage sont puissants et prennent des notes de grillé, d'épices et de miel en vieillissant.

L'un des plus anciens vignobles de France domine la vallée du Rhône.

Les vins rouges

Les côtes-du-rhône et les côtes-du-rhône-villages sont des vins intenses en couleur, bien charpentés, généralement peu astringents, exprimant des arômes de fruits bien mûrs, de confiture, de violette, de réglisse et de cuir. Les rouges de gigondas, vacqueyras, rasteau, beaumes-de-venise et cairanne supportent bien 3 à 5 ans de bouteille.

• Les rouges des crus septentrionaux, côte-rôtie, saint-joseph et hermitage, sont réputés pour leur grande finesse, leurs tanins soyeux et leur grande capacité de garde. Le cornas est plus rude mais vieillit très bien. Les crozes-hermitage sont plus légers que les hermitage et se boivent plus jeunes.

• Les châteauneuf-du-pape sont généralement concentrés et foncés. Les meilleurs d'entre eux supportent bien un élevage en barrique. Ils s'épanouissent après 5 à 10 ans de bouteille en exprimant de délicats arômes d'épices, de cacao et de fenouil.

Les vins rosés

Les vins rosés de la vallée du Rhône sont à la fois fruités et solides. Ils ont généralement une couleur bien soutenue et expriment des notes de cerise, de fraise ou de framboise. Tavel est la seule appellation qui ne produit que des rosés.

Les effervescents

Saint-Péray produit des vins mousseux très agréables et très aromatiques, avec une belle couleur dorée. La clairette-de-die, demi-sec, exprime de bons arômes de muscat. Le crémant-de-die brut exprime souvent des arômes floraux et de fruits blancs.

Les vins doux naturels

Près d'Orange, l'AOC rasteau produit d'excellents vins doux naturels rouges d'une grande intensité aromatique, qui vieillissent fort bien. Ceux qui sont issus du grenache blanc sont appelés « dorés » et sont un peu moins subtils.

• Le muscat-de-beaumes-de-venise est très réputé pour la finesse de ses arômes citronnés et mentholés. C'est un vin très délicat dans sa jeunesse, mais il prend des arômes complexes de cèdre et d'écorce d'orange en vieillissant.

Les accords avec les mets

Vins blancs de la vallée du Rhône : tous les produits de la mer.
Grands crus : viandes grillées, fromages de chèvre, gibier à plumes.
Les côtes-du-rhône rouges : toutes les viandes rouges rôties, grillées ou en sauce.
Vieux hermitage, côte-rôtie, cornas et châteauneuf-du-pape : gibier à poil.
Vins rosés : charcuterie, viandes grillées, salades composées.
Rasteau : desserts au chocolat.
Muscat-de-beaumes-de-venise : fraises, tartes au citron ou aux abricots.

Le prix des appellations

Côtes du Rhône, côtes-du-rhône-villages, coteaux-du-tricastin, côtes-du-luberon, coteaux-de-pierrevert, côtes-du-vivarais, lirac, tavel, côtes-du-ventoux, vins de pays, clairette-de-die, crémant-de-die €
Gigondas, vacqueyras, saint-joseph, crozes-hermitage, saint-péray €€
Châteauneuf-du-pape, cornas, condrieu, hermitage, côte-rôtie €€€
et €€€€

La Provence et la Corse

320 jours de soleil par an, toute la douceur de la Méditerranée font de Bandol un lieu privilégié.

La Provence, surtout connue pour ses rosés, possède aussi d'excellents terroirs à rouges et à blancs dans les coteaux d'Aix-en-Provence, à Bandol et à Palette. Le vignoble, réparti sur les départements des Bouches-du-Rhône et du Var, produit un peu plus de 1 million d'hectolitres sur environ 25 000 ha. Les côtes-de-provence, en blanc, rouge ou rosé, représentent l'écrasante majorité des vins de la région.
Le vignoble corse représente un peu moins de 3 000 ha et regroupe les AOC vin de corse, ajaccio, patrimonio et muscat-du-cap-corse. On y produit surtout des vins rouges.

▸ Les styles des vins

Les vins blancs

Les vins blancs de Provence sont généralement puissants. Les meilleurs blancs se rencontrent sur les terroirs de Palette et de Cassis. Les vins blancs secs de Corse sont très puissants.

Les vins rouges

Les vins rouges se caractérisent par des arômes de fruits mûrs, d'épices, de confiture et de fenouil. Ceux de l'AOC bandol, assez rudes dans leur jeunesse, vieillissent très bien. Les vins des Baux-de-Provence ont beaucoup de finesse et ceux d'Aix-en-Provence prennent des notes de gibier en prenant de la bouteille.
Les rouges de Corse sont très colorés, assez forts en alcool, et prennent rapidement des saveurs épicées.

Les vins rosés

La qualité des rosés de Provence est très variable. Leur couleur va du rose au carmin pâle. Ils sont généralement fruités et vifs, avec parfois une légère note d'amertume apportant toute la fraîcheur d'un vin d'été, symbole de vacances méditerranéennes.

Les accords avec les mets

Vins blancs de Provence : fruits de mer, bar au fenouil, coquillages, apéritif.
Vins rouges : grillades, viandes rouges rôties, daube, fromages forts. Vieux bandol ou coteaux-d'aix : gibier.
Vins rosées : apéritif, coquillages, charcuterie.

Le prix des appellations

Côtes-de-provence, vins de corse, coteaux-varois €
Coteaux-d'aix-en-provence, cassis, baux-de-provence, patrimonio, ajaccio €€
Bandol, palette, bellet €€€

Le Languedoc et le Roussillon

Cette immense région viticole, répartie entre les bords de la Méditerranée, les contreforts des Pyrénées et le sud du Massif central, possède une variété infinie de terroirs dont la caractéristique est le climat méditerranéen, modulé selon l'altitude et la nature des sols. À elle seule, la région produit plus de 40 % des vins français.
Longtemps cantonnée dans la production de vins de table, elle a réussi sa mutation depuis une vingtaine d'années et produit désormais des AOC de grande qualité. Les vins de pays y sont en général de bonne facture.

▸ Les styles des vins

Les vins blancs secs

Dans l'ensemble, les blancs secs de la région sont corsés et aromatiques. Ils n'ont pas une grande aptitude au vieillissement. Dans la région de Limoux, un élevage en barrique de vins issus du chardonnay donne des vins fins de grande qualité. Les vins issus du cépage clairette prennent rapidement un goût de « rancio » caractérisé par des arômes de grillé et d'amande. Les muscats secs sont très fruités et ont de belles saveurs d'agrumes et de fenouil. Le picpoul donne des vins légers et acidulés.

Les vins rouges

Ils sont en général puissants, intenses et bien charpentés. Leur capacité de garde est variable selon les méthodes de vinification.

L'élevage en barrique donne des résultats inégaux. À Fitou, les vins ont une couleur tuilée et une saveur oxydée caractéristique. Les vins de grenache du Roussillon sont très fruités et agréables dès leur jeunesse. Ceux de l'AOC collioure ont une grande finesse aromatique.

Les vins des costières-de-nîmes sont chaleureux et corsés. Faugères produit des vins tanniques de bonne garde, de même que le Minervois.

Les vins des coteaux-du-languedoc sont en général prisés pour leur complexité, leur charnu et leur bonne capacité de garde.

Les vins rosés

Les meilleurs rosés sont des rosés de saignée, dont les arômes et le fruit sont soutenus par l'acidité.

Les vins effervescents

Limoux produit la blanquette à partir du cépage mauzac. Le crémant-de-limoux est issu du chenin et du chardonnay. Les meilleurs effervescents de Limoux ont des saveurs de pomme verte, de miel ou de fleurs blanches.

Les vins doux naturels

Le banyuls est un vin doux naturel de grande qualité, aux agréables saveurs de fruits et d'épices qui se renforcent par un long élevage en foudre.

Les muscats de frontignan, de rivesaltes, de saint-jean-de-minervois, de lunel et de mireval sont très fins, aromatiques et soutenus par une bonne acidité.

Le maury, produit à la limite des Corbières et du Roussillon, est un vin doux naturel tiré du grenache noir qui a un bouquet fruité dès sa jeunesse et une étonnante capacité à vieillir.

Le prix des appellations

Corbières, minervois, vins de pays, faugères, saint-chinian, côtes-du-roussillon, fitou, costières-de-nîmes €

Coteaux-du-languedoc, collioure, vins doux naturels, limoux €€

Le Bordelais

La cinquantaine d'appellations produites dans le département de la Gironde ont droit à l'appellation bordeaux ou bordeaux supérieur. Le vignoble est le premier de France en surface et en volume (7 millions d'hectolitres sur 120 000 ha). Il se répartit en deux grandes masses situées entre la rive droite et la rive gauche de la Garonne et de l'estuaire de la Gironde. Rive droite, on produit les vins de blaye, de bourg, de fronsac, de saint-émilion, de pomerol, de l'entre-deux-mers, de cadillac, des premières-côtes-de-bordeaux, de sainte-croix-du-mont et de loupiac.

Rive gauche, on produit les vins de médoc, des graves, de sauternes, de barsac et de cérons. En rouge, rosé et clairet, les bordeaux sont élaborés à partir de trois cépages dominants : le cabernet-sauvignon, le cabernet-franc et le merlot. En blanc, les cépages principaux sont le sauvignon, le sémillon et la muscadelle.

▶ Les styles des vins

Le Bordelais se divise en plusieurs régions viticoles :

Les vins du Médoc

Le Médoc produit plus de 99 % des vins rouges répartis entre les appellations médoc dans la partie nord et haut-médoc dans la partie sud, et six appellations communales : listrac, moulis, pauillac, margaux, saint-estèphe et saint-julien. Un classement établi en 1855 donne aux meilleurs vins la qualité de « cru classé », selon une échelle qui va de 1 à 5. Dans leur ensemble, les vins du Médoc ont une couleur intense grenat foncé. Ils sont généralement ronds, fruités, moyennement tanniques et supportent bien un élevage en barrique.

Les vins de Saint-Émilion

On distingue les saint-émilion, les saint-émilion-grands-crus, les saint-émilion-grands-crus-classés, et les « satellites » : puisseguin-

Pays de vignobles variés situés entre la Garonne et la Dordogne, l'entre-deux-mers donne des vins blancs secs.

saint-émilion, montagne-saint-émilion, lussac-saint-émilion, saint-georges-saint-émilion. Dans leur ensemble, ces vins ont une belle couleur rubis foncé. Ils sont corsés et charpentés, et acquièrent beaucoup de finesse en vieillissant.

Les vins de Pomerol

Voisin de celui de Saint-Émilion, le vignoble de Pomerol utilise beaucoup le merlot, cépage qui, dans les meilleures années, donne des vins charnus, très mûrs, alliant rondeur, souplesse et puissance, trois qualités qui font les très grands vins.

Les vins des Graves

On distingue les vins de l'AOC graves de ceux de l'AOC pessac-léognan, au nord de la région des Graves et où l'on produit les crus les plus réputés en blanc et en rouge.

• Les blancs secs sont les meilleurs du Bordelais. Ils ont une très bonne aptitude au vieillissement et développent des arômes de grillé et d'agrumes.

• Les rouges sont réputés pour leur finesse et leurs tanins soyeux tout en ayant du corps. En vieillissant, ils prennent des arômes de fumée caractéristiques.

Les vins de Sauternes et de Barsac

Considérés comme la quintessence des vins liquoreux, les vins des AOC sauternes et barsac se caractérisent par leur fruité exceptionnel dans leur jeunesse, et leurs arômes complexes d'épices et de cèdre en vieillissant.

Les accords avec les mets

Entre-deux-mers, ou vins du Blayais : coquillages, fruits de mer.

Grands vins blancs des Graves : poissons en sauce, crustacés en sauce à l'américaine, viandes blanches ou ris de veau.

Grands bordeaux rouges : viandes rouges grillées ou rôties.

Vins moelleux : cuisine asiatique.

Vins liquoreux : foie gras, desserts.

Rosés et clairets : grillades, charcuterie.

Le prix des appellations

• Rouges

Bordeaux et bordeaux supérieur €

Fronsac, canon-fronsac, côtes-de-blaye, côtes-de-bourg, premières-côtes-de-bordeaux, médoc, haut-médoc, côtes-de-castillon, graves €€

Saint-émilion-grand-cru, crus bourgeois du Médoc, lalande-de-pomerol, graves de pessac-léognan €€€

Grands crus classés du Médoc, des Graves ou de Saint-Émilion, pomerol €€€€

• Blancs secs

Entre-deux-mers, côtes-de-blaye, sainte-foy-bordeaux €

Graves €€

Graves de pessac-léognan €€€

• Blancs moelleux et liquoreux

Premières-côtes-de-bordeaux €

Loupiac, cérons, sainte-croix-du-mont, cadillac €€

Sauternes, barsac €€€

Rosé et clairet €

Crémant-de-bordeaux €€

Connu depuis le Moyen Âge, le vignoble de Buzet s'étageait, avant le phylloxéra, entre Agen et Marmande.

Le Sud-Ouest

On appelle « vins du Sud-Ouest » tous les vins produits dans les régions Midi-Pyrénées et Aquitaine, hors Bordeaux. Il s'agit d'une désignation purement géographique qui ne recouvre pas d'unité ni sur le plan de l'encépagement ni sur celui des terroirs. Les vignobles AOC les plus importants sont ceux de Bergerac, de Cahors et de Gaillac. Le piémont pyrénéen produit le madiran et le jurançon.

La région produit aussi plusieurs AOVDQS et des vins de pays. Dans les départements des Landes et du Gers, des vins jadis destinés à la distillation de l'armagnac sont de plus en plus commercialisés en vins blancs, avec quelques floc de gascogne (vin de liqueur).

▶ Les styles des vins

Les vins blancs secs

Les vins blancs secs de bergerac, des côtes-de-duras et côtes-du-marmandais sont très proches de ceux de l'entre-deux-mers. Le sauvignon y est souvent très aromatique. Le jurançon sec d'une belle couleur or vert se caractérise par des arômes d'agrumes et vieillit bien.

Les vins blancs des Côtes de Gascogne sont légers, fruités, et se boivent jeunes.

Les gaillac secs peuvent être soit légèrement perlants, soit gras et friands.

Les vins blancs moelleux et liquoreux

Les monbazillac sont très gras, longs en bouche et se caractérisent par des saveurs iodées. Ils vieillissent très bien.

Leurs voisins de montravel sont légèrement plus acides et ont des arômes plus fruités. Ils supportent bien un élevage en barrique neuve.

Les jurançon sont des vins intenses, d'une belle couleur mordorée. Leur vivacité naturelle rehausse leurs arômes de fruits confits et d'agrumes.

Les gaillac doux, qui conservent des arômes proches du raisin, sont plaisants dans leur jeunesse.

Les vins rouges

Le cahors est réputé pour la force de ses tanins qui assurent sa longévité et se marient bien avec le bois de la barrique. Il en va de même pour le madiran.

Les bergerac rouges ont souvent des arômes de fruits rouges et de cassis. Les meilleurs d'entre eux supportent un élevage à la bordelaise.

Les gaillac rouges sont légers et fruités et se boivent jeunes. Les marcillac ont une couleur violine intense et beaucoup de fruit. L'irouléguy a beaucoup de race et de force et supporte une garde de 5 à 10 ans.

Les vins rosés

Les vins rosés du Sud-Ouest sont généralement assez colorés. Ils ont les mêmes caractéristiques aromatiques que les rouges.

Les accords avec les mets

Les vins blancs secs de bergerac, des côtes-de-duras et du marmandais : huîtres d'Arcachon, sardines grillées.

Gaillac perlant : apéritif.

Jurançon sec : poissons en sauce, crustacés à l'américaine.

Jurançon et monbazillac : foie gras entier ou poêlé.

Moelleux de montravel : cuisine indienne.

Vins rouges du Sud-Ouest : viandes rouges, grillades sur les sarments de vigne.

Bergerac rouge : coq au vin, lamproie à la bordelaise.

Cahors et Madiran vieux : salmis de palombe, pâtés de gibier, plats à base de truffe.

Gaillac rouges et vins de pays des Côtes de Gascogne frais : grillades, charcuterie.

Fronton : cassoulet.

Marcillac : tripoux, charcuterie auvergnate.

Irouléguy rosé : soupes de poisson, charcuterie basque.

Autres rosés du Sud-Ouest : grillades.

Le prix des appellations

Bergerac, côtes-de-duras, côtes-du-marmandais, vins de pays des Côtes de Gascogne, côtes-de-saint-mont, buzet, côtes-du-frontonnais, marcillac €

Cahors, gaillac €€

Jurançon, monbazillac €€ et €€€

Madiran €€€

La Vallée de la Loire et le Centre

Le parcours du plus grand fleuve de France, et celui de ses affluents, est bordé de vignobles dont la production a très tôt bénéficié de l'importante voie de communication qu'était la Loire.

Les vignobles de Loire constituent une mosaïque, avec des climats, terrains et cépages fort variés. Dans son cours supérieur, la Loire côtoie des vignes dont l'encépagement se rattache aux vignobles du Centre et d'Auvergne. Dans sa partie centrale, en Touraine et en Anjou, on trouve une production très diversifiée. Et, en arrivant près de la mer, le vignoble ligérien retrouve une grande unité autour de Nantes. En tout, ces vignobles couvrent 70 000 ha pour 2 650 000 hl, avec une courte majorité de vins blancs.

Le château de Saint-Nicolas-de-Bourgueil. L'appellation s'étend uniquement sur la commune du même nom.

▶ Les styles des vins

Les vins blancs secs

Les vins blancs secs de sauvignon produits dans les AOC sancerre, pouilly-fumé, quincy, reuilly et menetou-salon ont des arômes de « pierre à fusil », de fumée et parfois de fruits exotiques. Ils sont très secs, voire parfois un peu « raides ».

• Les vins secs issus du chenin à Vouvray, Montlouis, en Touraine et en Anjou, ont des arômes légèrement herbacés, avec des notes de citron et de pomme verte dans leur jeunesse. En général, ils vieillissent bien et prennent une belle couleur jaune à reflets verts et des arômes de coing et de cire d'abeille.

• Les muscadets, muscadets-de-sèvre-et-maine, des coteaux-de-la-loire-sur-lie ou des coteaux-de-grand-lieu ont des arômes floraux ou d'agrumes.

• Les gros-plant sont en général moins expressifs et plus acides.

Les vins blancs moelleux et liquoreux

Vouvray et Montlouis produisent des vins demi-secs et moelleux. Dans les meilleures années, lorsque la pourriture noble fait son apparition, on réalise de grands vins liquoreux qui ont une capacité de garde exceptionnelle. Ils expriment la poire et les agrumes dans leur jeunesse, et le coing, le miel, les fruits confits et le cacao dans leur grand âge. Les coteaux-du-layon, les coteaux-de-l'aubance, les quarts-de-chaume et bonnezeaux d'Anjou, et les coteaux-de-saumur ont un peu plus d'acidité et de fraîcheur, avec parfois des notes mentholées.

Les vins rouges

Les rouges de pinot noir de sancerre ou de menetou-salon sont friands et légers et se boivent jeunes. Il en va de même pour les vins de Touraine issus du cabernet-franc ou du gamay.

• Les chinon, saumur, saumur-champigny, bourgueil et saint-nicolas-de-bourgueil ont une intensité variable selon les terroirs. Ils expriment souvent des arômes de cassis ou de framboise dans leur jeunesse. Les meilleurs d'entre eux vieillissent très bien et prennent des arômes de poivre, de violette, et parfois de gibier.

• Les anjou-villages sont généralement tanniques, voire astringents dans leur jeunesse, et il faut souvent attendre de nombreuses années avant qu'ils ne s'arrondissent.

Les rosés

L'Anjou est gros producteur de rosé dans les appellations rosé-d'anjou, rosé-de-loire, et cabernet-d'anjou. Le rosé-de-loire est sec, avec des arômes de fruits rouges, alors que le rosé-d'anjou et le cabernet-d'anjou sont demi-secs. Ils sont fruités, avec des saveurs acidulées.

Les rosés de Touraine sont généralement assez pâles. Ce sont des « vins de soif » qu'il faut boire dans l'année.

Les effervescents

La région est grosse productrice de mousseux dans les appellations vouvray, montlouis, saumur et crémant-de-loire. Ils ont en général des arômes citronnés et briochés.

Les accords avec les mets

Vins effervescents : apéritif, desserts, tartes aux fruits.

Les blancs secs de sancerre et de vouvray :
fromages de chèvre locaux (crottin de Chavignol, sainte-maure, valençay), produits de la mer.

Anjou blancs : produits de la mer.

Vins demi-secs de vouvray et montlouis : rillettes.

Liquoreux d'Anjou : apéritif, foie gras, fromages forts, tarte au citron.

Rosés secs : charcuterie, grillades.

Rosés demi-secs : cuisine asiatique.

Rouges jeunes : volaille rôtie, lapin en sauce, coq au vin.

Rouges vieux : viandes rouges rôties, pâtés de gibier.

Le prix des appellations

Touraine, côtes-du-forez, côtes-d'auvergne, menetou-salon, reuilly, quincy, côte-roannaise, vins de pays du Jardin de la France, rosés, muscadets, gros-plant, coteaux-d'ancenis, anjou, saumur €

Crémants-de-loire, sancerre, bourgueil, saint-nicolas-de-bourgueil, chinon, saumur-champigny, anjou-villages, montlouis, vouvray, coteaux-du-layon, coteaux-de-l'aubance, savennières €€

Bonnezeaux, chaume, quarts-de-chaume €€€

Savennières-coulée-de-serrant €€€€

Anthocyane : pigment colorant contenu dans la peau des raisins rouges, qui donne sa couleur au vin.
Arôme : odeur perçue par le dégustateur non seulement au nez, mais aussi en bouche.
Assemblage : mélange de vins de même qualité et de même origine afin d'élaborer une cuvée.
Barrique bordelaise : récipient en bois d'une capacité de 225 l, utilisé en Bordelais.

Botrytis cinerea : champignon qui provoque la pourriture du raisin. Sous un temps ensoleillé, il se développe sous une forme bénéfique, dite pourriture noble, qui favorise la concentration des sucres dans le raisin.
Bouche : étape de la dégustation qui permet d'analyser les saveurs (structure, matière, équilibre, persistance des arômes) du vin.
Brut : vin effervescent qui présente un taux imperceptible de sucres.

Cépage : variété de vigne du genre *Vitis*. Le cabernet-sauvignon est un cépage.
Chai : bâtiment construit en surface (par opposition à la cave), destiné à l'élevage des vins.
Chambrer : porter le vin à température ambiante.
Clairet : vin rouge léger du Bordelais.
Collage : clarification du vin avant mise en bouteilles au moyen de substances gélatineuses appelées « colles » (blanc d'œuf, argile bentonite).
Crémant : vin effervescent produit selon la même méthode que celle employée en Champagne, dans les régions d'Alsace, du Bordelais, de Bourgogne, de Die, du Jura, de Limoux et de la Loire.
Cuvée : volume de vin sélectionné pour ses caractères distinctifs.

Débourrement : éclosion des bourgeons de la vigne au printemps.
Décanter : transvaser une bouteille en carafe afin d'éliminer un éventuel dépôt et d'aérer le vin pour lui permettre d'exprimer ses arômes.
Demi-sec : vin au goût légèrement sucré, contenant entre 4 et 12 g/l de sucres résiduels (entre 33 et 50 g/l pour les vins effervescents).
Doux (vin) : vin au goût sucré.

Effervescent : vin qui dégage du gaz carbonique sous forme de bulles.
Égrappage : élimination des rafles du raisin.
Élevage : période de maturation du vin après la fermentation, qui précède la mise en bouteilles.

Fermentation : transformation du sucre naturellement contenu dans le raisin en alcool, sous l'action des levures.
Foudre : récipient en bois de grande capacité, particulièrement utilisé en Alsace.
Foulage : opération qui consiste à faire éclater le raisin – généralement rouge – afin de favoriser le contact entre ses différents composants.
Fût : récipient en bois, de capacité variable selon les régions, destiné à la vinification et à l'élevage du vin.

Gris (vin) : vin rosé de couleur pâle élaboré par un simple pressurage de raisins noirs, sans aucune macération.

Jaune (vin) : vin blanc sec spécifique au Jura, dont l'élevage mené dans un fût non totalement rempli, sous un voile de levure, crée des caractères gustatifs originaux (goût de noix).

Lie : matière solide qui se dépose au fond du récipient de vinification. Certains vins blancs restent en contact avec les lies au cours de leur élevage, ce qui leur confère plus de rondeur.
Liqueur (vin de) : vin au goût sucré, dont la fermentation a été interrompue par ajout d'alcool vinique (voir Mutage).

Liquoreux (vin) : vin blanc au goût sucré et aux arômes complexes, élaboré à partir de raisins atteints de pourriture noble (plus de 40 g/l de sucres résiduels).

Macération : étape de la vinification lors de laquelle le jus de raisin reste en contact avec les peaux et les rafles.
Malolactique (fermentation) : seconde fermentation destinée à assouplir le vin en réduisant sa teneur en acide malique.
Marc : résidus solides du raisin éliminés après le pressurage.
Millésime : date des vendanges qui correspond à l'année de naissance d'un vin.
Moelleux (vin) : vin blanc au goût légèrement sucré, entre le sec et le liquoreux (de 12 à 45 g/l de sucres résiduels).
Moût : jus extrait du raisin par pressurage.
Mutage : ajout d'alcool vinique au vin pendant sa fermentation afin d'interrompre la fermentation et de conserver une grande quantité de sucres résiduels. Voir aussi Vin doux naturel.

Nez : étape de la dégustation qui permet de distinguer les arômes du vin par olfaction.

Oeil : étape de la dégustation qui permet d'observer la couleur du vin.

Paille (vin de) : vin au goût sucré, issu de raisins séchés sur une couche de paille.
Pièce : récipient en bois d'une capacité de 228 litres, utilisé en Bourgogne.
Pourriture noble : forme de pourriture provoquée par le champignon *Botrytis cinerea*, qui favorise la concentration du sucre dans le raisin.
Pressurage : opération qui consiste à presser le raisin ou le marc pour en extraire le jus.
Primeur (vin de) : vin rouge mis en bouteilles très tôt après les vendanges et destiné à être bu jeune.
Prise de mousse : seconde fermentation en bouteille qui permet la transformation d'un vin tranquille en vin effervescent.

Sec (vin) : vin qui ne présente aucun goût sucré (moins de 4 g/l de sucres résiduels).
Sulfitage : ajout de soufre au moût ou au vin pour le protéger d'éventuelles maladies.

Tanin : substance présente naturellement dans la peau et les rafles du raisin, ainsi que dans le vin auquel elle apporte de la structure et dont elle assure la conservation.
Terroir : aire viticole qui se distingue par un sol, une exposition et des conditions climatiques spécifiques.
Titre alcoométrique : degré d'alcool d'un vin. Le pourcentage d'alcool par unité de volume (% vol.) figure obligatoirement sur les étiquettes.
Tranquille (vin) : vin à la faible teneur en gaz carbonique, qui ne présente aucune bulle.

Véraison : changement de couleur de baies au début de leur période de maturation.
Vin doux naturel (VDN) : vin de liqueur français.

Crédits photographiques

Couverture : plat 1 : Sucré Salé/M. Roulier ; plat 4 : g. :Scope/J. Guillard ; dr. : Scope/M. Plassart - p. 4 : Scope/J.-L. Barde - p. 5 : haut. : Scope/J. Guillard ; bas : Scope/J. Guillard - p. 6 : Scope/J. Guillard - p. 7 : Scope/M. Guillard - p. 8 : haut et mil. : Scope/J.-L. Barde ; bas : Scope/F. Hadengue - p. 11 : Scope/M. Guillard - p. 12 : Scope/J.-L. Barde - p.16 : haut. : Scope/E. Quentin ; bas : C. Scarramon - p. 17 : Scope/J. Guillard - p. 18 : Scope/M. Guillard - p. 19 : Scope/J.-L. Sayegh - p. 21 : Scope/J.-L. Barde - p. 22 : Scope/J. Guillard - p. 23 : Caves Millésimes - p. 24 : Scope/J. Guillard - p. 25 : Scope/J.-L. Barde - p. 27 : Charlus - p. 32 : Scope/J. Guillard - p. 33 : Scope/J.-L. Barde - p. 34 : Scope/M. Guillard - p. 35 : g. : Scope/J. Guillard ; dr. : Scope - p.36 : Scope/J. Guillard - p. 37 : Scope/M. Guillard - p. 38 : haut : Scope/J. Guillard ; bas : Charlus - p. 39 : Haut : Scope/J.-L. Sayegh ; bas : Scope/J. Guillard - p. 44 : Scope/J.-L. Barde - p. 45 : Scope/J. Guillard - p. 46 : Scope/J. Guillard - p. 48 : C. Scarramon - p. 50 : haut : C. Scarramon ; bas : Scope/J. Guillard - p. 52 : C. Scarramon - p. 53 : Scope/J. Guillard - p. 55 : C. Scarramon - p. 56 : Scope/S. Matthews - p. 58 : Scope/J.-L. Barde - p. 60 : Scope/J. Guillard.

Secrétariat d'édition : Mireille Touret
Conception et réalisation de la couverture : Guylaine et Christophe Moi
Maquette et réalisation : Graph'M

Dépôt légal : 36432 - Septembre 2003
N° éditeur : 0F39044
ISBN : 2.01.620923.2
62.62.0923.01.3

Impression : G. Canale & C.S.p.A., Turin (Italie)